Renate Maria Zerbe

Altes Testament: Von Adam und Eva bis Abraham

8 komplette Unterrichtseinheiten für den Religionsunterricht der 1.–4. Klasse

Auer

Die Internetadressen, die in diesem Werk angegeben sind, wurden vom Verlag sorgfältig geprüft (Redaktionsschluss November 2015). Da wir auf die externen Seiten weder inhaltliche noch gestalterische Einflussmöglichkeiten haben, können wir nicht garantieren, dass die Inhalte zu einem späteren Zeitpunkt noch dieselben sind wie zum Zeitpunkt der Drucklegung. Der Auer Verlag übernimmt deshalb keine Gewähr für die Aktualität und den Inhalt dieser Internetseiten oder solcher, die mit ihnen verlinkt sind, und schließt jegliche Haftung aus.

Hinweisen an info@auer-verlag.de auf veränderte Inhalte verlinkter Seiten werden wir selbstverständlich nachgehen.

Die Liederempfehlungen beziehen sich auf folgende Bücher:

- Rolf Krenzer: Das große Liederbuch. 135 religiöse Lieder für Kindergarten, Schule und Gottesdienst. Lahn Verlag, Limburg 1997
- Elsbeth Bihler/Walburga Schnock/Hans-Heinz Riepe: Schwerter Liederbuch: Singt dem Herrn. Verlag BDKJ. Paderborn 1990
- Eckart Bücken/Markus Ehrhardt/Reinhard Horn/Rolf Krenzer: Bibelhits. 100 Kinderlieder zum Alten und neuen Testament. Kontakte Musikverlag. Lippstadt 2003

Gedruckt auf umweltbewusst gefertigtem, chlorfrei gebleichtem und alterungsbeständigem Papier.

2. Auflage 2016
Nach den seit 2006 amtlich gültigen Regelungen der Rechtschreibung

Illustrationen: Marion El-Khalafawi, Horneburg
Satz: Fotosatz H. Buck, Kumhausen
Druck und Bindung: Aubele Druck GmbH, Kempten
ISBN 978-3-403-**07205**-8

www.auer-verlag.de

Inhaltsverzeichnis

Anhang

Vorwort

„Die Geschöpfe sind gleichsam eine Spur der Fußstapfen Gottes, an der man seine Größe, Macht und Weisheit sehen kann.“ (Johannes vom Kreuz)

So wie die Bibel eine Bibliothek aus vielen Büchern ist, so besteht auch das Alte Testament aus zahlreichen Büchern, die oft nicht ganz einfach zu verstehen sind. Das Alte Testament beschreibt den Bund, den Gott durch Abraham, Mose und die Propheten mit dem Volk Israel geschlossen hat. Im Alten Testament sind das Gottesverständnis (Gott wirkt hier oft sehr grausam und kriegerisch), das Menschenbild und auch das Geschichtsverständnis des Volkes Israel begründet. So kann man das Alte Testament in drei Kategorien einteilen:

a) Geschichtliche Bücher, die die Geschichte Israels erzählen und sie aus dem Glauben an Gott deuten
b) Prophetische Bücher
c) Lehrbücher

In diesem Band stehen die geschichtlichen Bücher im Vordergrund.

In den zahlreichen Geschichten des Alten Testaments wird Gottes Handeln sichtbar, als derjenige, der Leben schenkt und ermöglicht, der sein Volk führt und für es sorgt. Gott ist der Eine und Einzige, der uns Menschen die Zusage gibt: „Ich bin da“. Die alttestamentlichen Geschichten fordern die Schüler auf, sich auf die Personen, die in den Geschichten vorkommen, einzulassen. An diesen Erzählungen wird Glaube erlebbar: Es geht um Vertrauen, Gerufen-Sein, Offen-Werden für Gottes Verheißung und Widerstehen. Die Geschichten erzählen von menschlichen Grunderfahrungen und -konflikten, in denen die Kinder ihre eigenen Erfahrungen spiegeln und klären können.

In diesem Band geht es um die Urgeschichte und um die Patriarchengeschichte der Erzväter, die im Buch Genesis stehen. Es gibt Aussagen über Gott als den Schöpfer der Welt, der die Welt durch sein Wort geschaffen hat, sowie die Erzählungen vom Paradies und dem Sündenfall des Menschen, von der Sintflut und dem Bund mit Noach, von der Berufung Abrahams und seiner Nachkommen, denen Gott Segen verheißt.

Die Erzählungen des Alten Testaments sind im Lehrplan der Grundschule in unterschiedlichen Klassenstufen verankert, teilweise werden manche Themen wiederholt behandelt, dann allerdings mit anderer Akzentuierung. Aus diesem Grund sind die einzelnen Themen so aufbereitet, dass jeder Lehrer die Arbeitsblätter entnehmen kann, die seiner Stufe (Klasse 1–4) bzw. dem Zeitpunkt im Lehrplan entsprechen.

In acht Unterrichtseinheiten werden die schon genannten Themen angesprochen. Jedes Kapitel besteht aus einer Lehrerinformation bzw. Schülerarbeitsblättern zur weiteren Bearbeitung. Zu jedem Themenschwerpunkt gibt es zudem eine kindgerechte Erzählfassung. Abschließend finden sich zusammenfassende Aufgaben, in denen die Kinder ihr bis dahin erworbenes Wissen einbringen können. Außerdem enthält der Band ein kleines Wörterbuch für die Schüler, welches wichtige Begriffe aufführt, die in den angesprochenen Erzählungen vorkommen und von zentraler Bedeutung sind.

Dieser Band soll dazu beitragen, dass die Kinder vor allem das Gottesverständnis und die Gottesbeziehungen aufspüren, darüber nachdenken und ins Gespräch kommen. Es geht darum, Gott als Anker zu begreifen, der immer da ist, der uns führt und leitet, aber auch Trost spendet in schwierigen Lebenslagen.

„Gott leitet seine Kinder, die er erwählt hat, wunderbare Wege.“ (Mechthild von Magdeburg)

Die Erschaffung der Welt (Gen 1,1–2,4a)

Überall leben zahlreiche Tiere und Menschen unterschiedlichster Hautfarbe. Aber warum ist das so? Vor langer Zeit gab es noch nicht die Welt, nur Gott war da, ganz allein. Nur mithilfe der Sprache wollte Gott diesen Zustand ändern. So schuf er Himmel und Erde, aber alles war sehr dunkel, leer, wirr und mit der Urflut bedeckt. Nur Gottes Geist schwebte über dem Wasser. So sprach er: „Es soll Licht werden." und es wurde Licht. Er trennte das Licht von der Finsternis und nannte das Licht Tag und die Finsternis Nacht. So wurde es Abend und Morgen; das war der erste Tag.

Am zweiten Tag sagte Gott: „Über der Erde soll ein Gewölbe entstehen, das die Wasser voneinander trennt." So entstand der Himmel und es wurde Tag und wieder Nacht.

Am dritten Tag sprach Gott: „Das Wasser unterhalb des Himmels soll sich an einem Ort sammeln, damit das Trockene sichtbar wird." Das Trockene nannte er „Land" und das angesammelte Wasser nannte er „Meer". Auf dem Land schuf Gott viele verschiedene Arten von Bäumen und Blumen, die Früchte und Samen tragen. Er schaute sich alles an und war zufrieden, es wurde Abend und es wurde Morgen.

Am nächsten Tag schuf Gott die Sonne und den Mond und umgab sie mit funkelnden Sternen. Diese Himmelslichter sollten den Tag von der Nacht unterscheiden. Es wurde Abend und wieder Morgen, das war der vierte Tag.

Am fünften Tag sagte Gott: „Im Wasser sollen viele Tiere leben, Fische und andere Lebewesen. Am Himmel sollen alle Arten von Vögeln fliegen." Gott schaute sich sein bisheriges Werk an und fügte hinzu: „Vermehrt euch im Wasser und am Himmel." Es wurde Abend und es wurde Morgen. Gott war zufrieden, doch er wollte noch mehr.

Welche Wassertiere und Vogelarten kennst du?

Am sechsten Tag schuf Gott alle unterschiedlichen Tiere auf dem Land: Kriechtiere, Feldtiere, Tiere in den Bäumen, in den Bergen. Gott fand alles gut, aber ihm fehlte noch etwas: „Ich will noch ein Wesen schaffen, nach meinem Abbild, das über die Erde regiert und für alle Pflanzen und Tiere verantwortlich sein soll." So schuf er Mann und Frau und gab ihnen den Auftrag: „Vermehrt euch, bevölkert die Erde und herrscht verantwortlich über die Erde mit all ihren Fischen, Vögeln und anderen Tieren. Ich übergebe euch alle Pflanzen und Bäume, die Samen und Früchte hervorbringen. Sie sollen auch als Nahrung dienen. Auch ihr Landtiere ernährt euch von allen grünen Pflanzen." Gott freute sich über sein Werk und es war Abend und Morgen. Der sechste Tag ging zu Ende.

Gott hat alle Landtiere geschaffen. Du weißt sicher, dass wir einige Kontinente haben, auf denen viele Tiere leben. Welche kennst du?

Am siebten Tag war die Erschaffung der Welt mit all ihren Tieren, Pflanzen, Himmelslichtern und den ersten Menschen vollendet. Alles war gut und Gott ruhte sich an diesem Tag von seiner Arbeit aus. Er machte ihn zu einem besonderen heiligen Tag und segnete ihn. Auch die Menschen sollten an diesem Tag ruhen und für all die wunderbaren Dinge der Schöpfung danken.

Wie heißt der Ruhetag bei uns und wie verbringst du ihn?

Lehrerinformation

Das Alte Testament beginnt im Buch Genesis mit der im Sieben-Tage-Rhythmus dargestellten Schöpfungserzählung. Sie wurde vor mehr als 2500 Jahren von Priestern in Jerusalem geschrieben, als das Volk Israel gerade eine schlimme Zeit erlebte. Das Volk Israel war nach dem Sieg der Babylonier in babylonische Gefangenschaft geraten und so wussten die Priester um Tod, Hunger, Ungerechtigkeit und Verzweiflung. Um den dortigen Schöpfungsglauben an Marduk etwas entgegenzusetzen, schrieben sie diese Erzählung, in der Gott der alleinige Schöpfer ist. Der Schöpfungsbericht der Priester versucht, die Frage nach der Entstehung der Erde, nach dem Ursprung allen Lebens zu beantworten. Der Höhepunkt der Erzählung ist die Aussage, dass der Mensch als Ebenbild Gottes erschaffen wurde und sich die Erde untertan machen soll. Er gilt somit als Krone der Schöpfung. Die Schöpfungserzählung darf freilich nicht als naturwissenschaftliche Aussage, sondern als Glaubensaussage über das Wesen der Welt und des Menschen sowie über die Gottesbeziehung zu verstehen sein. In der Erzählung findet sich das damalige altorientalische Weltbild, das vom Firmament als einer Halbkugel aus festem Stoff ausgeht, über welchem Wasser ist, das aus den Öffnungen im Firmament als Regen herabfällt. Das Thema „Schöpfung" kommt in allen vier Schuljahren mit unterschiedlicher Akzentuierung im Lehrplan vor. Während es im 1./2. Schuljahr hauptsächlich um das Staunen, Loben und Danken geht, nimmt im 3./4. Schuljahr der verantwortungsvolle Umgang mit der Schöpfung breiteren Raum ein bzw. das besondere Verhältnis zwischen Gott und Mensch, begründet auf der Gottesebenbildlichkeit.

Weitere Ideen:

- Einstiegsmöglichkeiten:
  1) Unterrichtsgang durch die Natur
  2) Weltkugel mitbringen
  3) diverse Postkarten von Tieren, Meer, Sonne, Mond, Mensch auslegen
- die Schöpfungserzählung mit Tüchern gestalten
- die Schöpfung als großes Puzzle, als Domino, im Karton gestalten
- Wandfries zur Schöpfungserzählung gestalten
- verschiedene Schöpfungsberichte aus anderen Kulturen untersuchen und auf Unterschiede bzw. Gemeinsamkeiten hin untersuchen
- ein Hörspiel zur Geschichte erarbeiten
- Schöpfungsbilder unterschiedlicher Künstler ansehen und besprechen, z. B. von Chagall, Michelangelo
- etwas säen (z. B. Kresse, Getreide) und beobachten, wie es sich entwickelt

Lieder:

Das große Liederbuch:
- Gebt acht auf Gottes Erde
- Ein Lied für die Sonne
- Deine Welt ist voller Wunder

Schwerter Liederbuch:
Die Erde ist schön

Bibelhits:
- Du hast uns deine Welt geschenkt
- Gott hat die ganze Welt gemacht

Woher kommt die Welt?

Name: ______________________

Viele Naturwissenschaftler wie Biologen, Geologen, Physiker und Astronomen haben schon vieles über unsere Welt herausgefunden. Eins wissen sie jedoch nicht: Warum die Welt überhaupt entstanden ist. Die Bibel sagt uns, dass es Gottes Schöpfung ist.
Vor vielen Milliarden Jahren gab es eine Urwolke aus Gas, die immer dichter wurde und sich wie ein Wirbel drehte. Schließlich wurden die kleinen Gasteilchen immer schneller und glühten wie ein einziger Feuerball. Aus diesem Feuerball entstanden die heutige Erde und die Planeten, die um die Sonne kreisen – genauso wie die Sonne selbst. Das Leben auf der Erde gab es erst viel später: Algen, Bakterien, Schnecken, Muscheln, Krebse, Fische, Vögel, Landtiere. Zuletzt entstand der Mensch, der sich bis heute immer weiter entwickelte.

Früher haben sich die Menschen
die Erde so vorgestellt:

Altorientalisches Weltbild

Heutiges Weltbild

Wohnsitz Gottes

① Sieh dir das altorientalische Weltbild genau an und beschrifte es.

Urflut – Himmelsozean – Himmelsgewölbe – Erdscheibe – Schleusen – Säulen der Erde

Arbeite dabei mit einem Partner zusammen.

② Überlege mit deinem Partner: Wie sehen wir heute unsere Welt? Zeichnet unser Weltbild neben das Altorientalische Weltbild und beschriftet es.

③ Besprecht in der Klasse Gemeinsamkeiten und Unterschiede.

Schöpfungsbericht kreativ

Name: ______________________

Der Schöpfungsbericht besteht aus sieben Tagen.

① Findet euch in sieben Gruppen zusammen. Jede Gruppe soll einen der sieben Tage kreativ gestalten.

② Lest euch den Abschnitt zu eurem Tag gut durch und gestaltet mit eurer Gruppe ein Bild dazu. Wählt eine Gestaltungsform aus:

a) Ihr könnt malen oder etwas collagenartig aufkleben.
b) Verklanglicht euren Tag mit den ausliegenden Instrumenten. Überlegt euch zuerst, welche Instrumente passend sind, und probiert diese aus.
c) Überlegt euch einen Tanz zu eurem Schöpfungstag.

③ Am Ende der Arbeitsphase stellen alle Gruppen ihre Arbeitsergebnisse dem Rest der Klasse vor.

Gott gefiel die Dunkelheit nicht und er sagte: „Es werde Licht.“ und Helligkeit überflutete die Erde. Dieses Licht trennte Gott von der Dunkelheit und gab ihm den Namen „Tag“, während die Dunkelheit von nun an „Nacht“ hieß. Das war der erste Tag.

Als der zweite Tag begann, erschuf Gott ein mächtiges Gewölbe über den Wassern der Erde, das er „Himmel“ nannte.

Am dritten Tag ließ Gott das viele Wasser in geordneten Bahnen fließen. Es entstanden Flüsse, Seen und Meere. Außerdem bildeten sich Strände, Berge und Ebenen. Diese trockenen Flächen nannte Gott „Land“. Auf diesem Land ließ Gott viele Pflanzen wachsen.

Um Tage, Monate und Jahreszeiten unterscheiden zu können, schuf Gott die Gestirne am Himmel: Sonne, Mond und Sterne. Das war der vierte Tag.

Am fünften Tag sorgte Gott dafür, dass von nun an Vögel am Himmel flogen und sich im Wasser Fische tummelten.

Am sechsten Tag bevölkerte Gott die Erde mit allen Tieren, die auf dem Land leben: Kriechtiere, Tiere auf dem Feld, in den Wäldern und auf den Bergen. Es gab aber noch keinen, der Gott ähnlich war und sich um die Erde mit den Tieren und Pflanzen kümmern konnte. Darum erschuf Gott den Menschen. So ging der sechste Tag zu Ende und Gott war sehr zufrieden mit seinem Werk.

Gott nutzte den siebten Tag, um sich auszuruhen, und erklärte diesen Tag für heilig, damit der siebte Tag immer ein Ruhetag sein sollte.

Lobgesänge auf die Schöpfung

Name: ______________________

Der Psalmbeter und auch Franziskus loben Gott.

Sonnengesang des heiligen Franziskus

Höchster, allmächtiger, guter Herr, dein sind der Lobpreis, die Herrlichkeit und Ehre und jeglicher Segen. Dir allein, Höchster, gebühren sie, und kein Mensch ist würdig, dich zu nennen. Gelobt seist du, mein Herr, mit allen deinen Geschöpfen, zumal dem Bruder Sonne; er ist der Tag, und du spendest uns das Licht durch ihn. Und schön ist er und strahlend in großem Glanz, dein Sinnbild, o Höchster. Gelobt seist du, mein Herr, durch Schwester Mond und die Sterne; am Himmel hast du sie gebildet, hell leuchtend und kostbar und schön. Gelobt seist du, mein Herr, durch Bruder Wind und durch Luft und Wolken und heiteren Himmel und jegliches Wetter, durch das du deinen Geschöpfen den Unterhalt gibst. Gelobt seist du, mein Herr, durch Schwester Wasser, gar nützlich ist es und demütig und kostbar und keusch. Gelobt seist du, mein Herr, durch Bruder Feuer, durch das du die Nacht erleuchtest; und schön ist es und liebenswürdig und kraftvoll und stark. Gelobt seist du, mein Herr, durch unsere Schwester, Mutter Erde, die uns ernähret und trägt und vielfältige Früchte hervorbringt und bunte Blumen und Kräuter. Gelobt seist du, mein Herr, durch jene, die verzeihen um deiner Liebe willen und Krankheit ertragen und Drangsal. Selig jene, die solches ertragen in Frieden, denn von dir, Höchster, werden sie gekrönt werden. Gelobt seist du, mein Herr, durch unsere Schwester, den leiblichen Tod; ihm kann kein lebender Mensch entrinnen. Wehe jenen, die in schwerer Sünde sterben. Selig jene, die sich in deinem heiligsten Willen finden, denn der zweite Tod wird ihm kein Leid antun. Lobt und preist meinen Herrn und sagt ihm Dank und dient ihm mit großer Demut.

Psalm 104 (Auszüge)

Lobet den Herrn, meine Seele! Herr, mein Gott, wie groß bist du! Du bist mit Hoheit und Pracht gekleidet. Du hüllst dich in Licht wie in ein Kleid, du spannst den Himmel aus wie ein Zelt. Du hast den Wassern eine Grenze gesetzt, die dürfen sie nicht überschreiten; nie wieder sollen sie die Erde bedecken. Du lässt die Quellen hervorsprudeln in den Tälern, sie eilen zwischen den Bergen dahin. Allen Tieren des Feldes spenden sie Trank, die Wildesel stillen ihren Durst daraus. An den Ufern wohnen die Vögel des Himmels, aus den Zweigen erklingt ihr Gesang. Du tränkst die Berge aus deinen Kammern, aus deinen Wolken wird die Erde satt. Du lässt Gras wachsen für das Vieh, auch Pflanzen für den Menschen, die er anbaut, damit er Brot gewinnt von der Erde und Wein, der das Herz des Menschen erfreut. Du hast den Mond gemacht als Maß für die Zeiten, die Sonne weiß, wann sie untergeht. Du sendest Finsternis, und es wird Nacht, dann regen sich alle Tiere des Waldes. Herr, wie zahlreich sind deine Werke! Mit Weisheit hast du sie alle gemacht, die Erde ist voll von deinen Geschöpfen. Da ist das Meer, so groß und weit, darin ein Gewimmel ohne Zahl: kleine und große Tiere. Ewig währe die Herrlichkeit des Herrn; der Herr freue sich seiner Werke. Ich will dem Herrn singen, solange ich lebe, will ich meinem Gott spielen, solange ich da bin.

① Entscheide dich für einen der Texte und schreibe ihn mit einem Partner weiter. Gestaltet anschließend ein Bild dazu.

② Beschreibt das Verhältnis zwischen Mensch und Gott in beiden Texten.

Gottes Schöpfung entdecken und darüber staunen

Name: ______________________

① Male und schreibe, was dir an der Schöpfung ganz besonders gefällt. Denke an die Sinne: hören, sehen, riechen und fühlen.

② Du kannst auch etwas aufkleben, was du gefunden hast.

Gott erschafft die Welt

Name: ______________________

Male oder schreibe, was Gott alles gemacht hat – am besten zu jedem Schöpfungstag.

Mein Schöpfungsleporello

Name: ____________________

① Male auf jede Seite der Leporellovorlage ein passendes Bild.

② Schneide das Leporello aus und klebe die Teile an den Klebestreifen aneinander.

Die Schöpfung	1. Tag: Licht	2. Tag: Himmel und Erde
3. Tag: Flüsse, Meere, Land, Pflanzen	4. Tag: Sonne, Mond, Sterne	5. Tag: Vögel, Fische
6. Tag: Kriechtiere, Landtiere, Mensch	7. Tag: Gott ruht sich aus.	Gott ist mit seinem Werk zufrieden.

Ich danke dir Gott …

Name: ______________________

① Lies dir das Gebet durch.

Ich danke dir Gott!

Gott, wir loben dich und danken dir!
Du hast die Erde so schön gemacht,
den Frühling, den Sommer,
den Herbst und den Winter.

Du hast uns versprochen:
Solange die Erde besteht, soll es
Saat und Ernte, Regen und Sonne,
Schnee und Wärme, Tag und Nacht geben.

Du hast uns alles gegeben,
was wir brauchen:

____

____

____

____

____

____

auch Menschen, die uns lieb haben.
Wir danken dir dafür.

Lass uns mithelfen,
dass wir mit der Erde gut umgehen,
dass wir sie schützen und für sie sorgen.

Lass uns nie vergessen,
dass sie dein Geschenk an uns ist.
Amen.

② Versuche nun, die Lücken zu füllen. Du kannst auch dazuschreiben, was du wunderbar, unglaublich oder unvorstellbar an der Schöpfung findest.

③ Gestalte den Platz um das Gebet.

Gott und du

Name: ____________________

Gott hat den Menschen erschaffen und einen Auftrag gegeben.

① Lies den Text gut durch.

Gott allein kann schaffen,
du aber kannst das Erschaffene zur Geltung bringen.
Gott allein kann Leben schenken,
du aber kannst es weitergeben und achten.
Gott allein kann Gesundheit schenken,
du aber kannst darauf achten und heilen.
Gott allein kann den Glauben schenken,
du aber kannst dein Zeugnis geben.
Gott allein kann Hoffnung einpflanzen,
du aber kannst deinem Bruder Vertrauen schenken.
Gott allein kann die Liebe schenken,
du aber kannst andere lieben lehren.
Gott allein kann den Frieden schenken,
du aber kannst Einheit stiften.
Gott allein kann die Freude schenken,
du aber ein Lächeln.
Gott allein kann Kraft geben,
du aber einen Entmutigten aufrichten.
Gott allein ist der Weg,
du aber kannst ihn mit anderen gehen.
Gott allein ist das Licht,
du aber kannst es in den Augen der anderen zum Leuchten bringen.
Gott allein kann Wunder wirken,
du aber kannst die fünf Brote und die zwei Fische bringen.
Gott allein kann das scheinbar Unmögliche,
du aber kannst das Mögliche tun.
Gott allein genügt sich selbst,
aber er hat es vorgezogen, auf dich zu zählen.

(Quelle unbekannt)

② Versuche anschließend, zu einigen „du"-Zeilen Beispiele zu finden. Sprecht in der Klasse darüber.

Wir sind für die Erde verantwortlich

Name: ____________________

① Lies dir die Zeitungsartikel durch. Was meinst du dazu?

Abholzung des Regenwaldes geht weiter

Brasilien. Immer weiter schrumpft der Regenwald in Brasilien. Viele Tropenhölzer werden abgeholzt, um sie zu Möbeln weiterzuverarbeiten. Unsere grüne Lunge der Erde wird immer kleiner!

Viele Tiere und Pflanzen vom Aussterben bedroht

Berlin. Schon heute, so sagen die Wissenschaftler, sind entweder viele Tiere und Pflanzen vom Aussterben bedroht oder sind sogar bereits ausgestorben. Der Lebensraum vieler Tiere wird immer kleiner und sie werden von skrupellosen, geldgierigen Jägern gejagt. So gibt es nach heutigen Schätzungen z. B. nur noch wenige Breitmaulnashörner.

Öltanker auf dem Meer ausgelaufen

Australien. Vor der Küste Australiens ist ein Öltanker nach schwerem Sturm auf Grund gelaufen, dabei flossen tausende Liter Öl ins Meer. Viele Vögel und andere Tiere verendeten qualvoll, auch der Strand wurde durch die schleimige schwarze Masse verschmutzt. Erste Helfer sind schon im Einsatz, um Ölsperren zu errichten, noch lebende Tiere zu retten und den Strand zu säubern.

Atomreaktor explodiert

Japan. Aufgrund einer Kernschmelze ist das verstrahlte Gelände rund um den Reaktor weiträumig abgesperrt worden. Für viele Jahrzehnte wird es für Menschen unbewohnbar sein. Dennoch plant die Regierung, neue Atomreaktoren zu bauen.

② Finde in Zeitschriften/Zeitungen weitere Artikel, die von der Umweltzerstörung berichten. Sammelt sie und klebt sie auf ein gemeinsames Plakat.

⑤ Überlege mit einem Partner oder in einer Vierergruppe, was du selbst tun kannst, um die Schöpfung zu bewahren und zu schützen, so wie es uns Gott als Auftrag gegeben hat. Schreibt eure Ideen auf kleine gelbe Zettel und klebt sie zwischen die Zeitungsartikel auf eurer Wand. Sie sollen euch eine Zeit lang daran erinnern, dass jeder von uns die Schöpfung achten und bewahren muss.

Gott bringt Licht ins Dunkel

Name: ______________________

① Hier ist noch alles wirr und unübersichtlich. Ordne die folgenden Begriffe in die Tabelle ein.
② Vergleiche mit deinem Nachbarn.
③ Ergänze die Liste mit jeweils drei weiteren Begriffen, wenn möglich.

Mittelmeer – Koala – Kamel – Delfin – Frankreich – Pazifik – Atlantik – Giraffe – Amsel – Schlange – Sonne – Bodensee – Sterne – Nordsee – Ostsee – Huhn – Steinhuder Meer – Mond – Rhein – Elefant – Hund – Pferd – China – Australien

Gewässer	**Länder**	**Tiere**	**Gestirne**
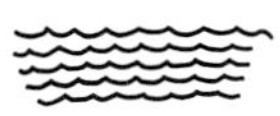			

Der siebte Tag, ein Ruhetag

Name: ______________________

„Und Gott segnete den siebten Tag und erklärte ihn für heilig; denn an ihm ruhte Gott, nachdem er das ganze Werk der Schöpfung vollendet hatte.“ (Gen 2,3)

① Erstellt in einer Vierergruppe eine Mind-map zum Sonntag.

② Was unterscheidet den Sonntag vom Werktag?

③ Was wäre, wenn es keinen Sonntag gäbe? Sprecht in der Klasse darüber.

Das Paradies und der Sündenfall (Gen 2,4b–3,24)

Vor langer Zeit hatte Gott Erde und Himmel erschaffen, aber es gab noch keine Sträucher und Pflanzen, weil es noch nicht geregnet hatte. Auch den Menschen gab es noch nicht, aber es stieg schon Feuchtigkeit aus der Erde. Und so formte Gott den Menschen aus der Erde und blies ihm den Lebensatem ein. Danach legte Gott einen wunderschönen Garten, Eden genannt, an.

Wie stellst du dir diesen Garten vor? Wie sieht er aus?

Der Garten war ein Paradies, mit vielen Bäumen und Früchten. In der Mitte des Gartens wuchs ein besonderer Baum, dessen Früchte jedem, der sie aß, die Kraft gab, Gut und Böse zu unterscheiden. Gott warnte Adam: „Du kannst von allen Bäumen essen, aber nicht vom Baum der Erkenntnis, dann musst du sterben." Gott formte anschließend viele Tiere und brachte sie in den Garten zu Adam, damit er ihnen Namen geben sollte. Adam stellte fest, dass jedes männliche Tier ein Weibchen zur Seite hatte. So fühlte er sich immer einsamer. Gott bemerkte dies und entnahm ihm im Schlaf eine Rippe und formte eine Frau daraus. Das war Eva. Sie lebten glücklich und zufrieden in ihrem paradiesischen Garten, so ganz ohne Sorgen.

Was tun die beiden wohl die ganze Zeit?

Eines Tages kroch eine Schlange in Evas Nähe und sagte zu ihr: „Gott hat euch die Früchte vom Baum der Erkenntnis verboten, aber nur, damit ihr nicht so klug werdet wie er. Ihr werdet nicht sterben." Eva dachte nach und fand es immer verlockender, von den Früchten zu essen. Ob die Schlange wohl recht hatte? Schließlich pflückte Eva neugierig eine Frucht und biss hinein. Da sie köstlich schmeckte, gab sie auch Adam davon zu essen. Kaum hatten sie aufgegessen, fühlten sie sich beide verwirrt und stellten fest, dass sie nackt waren. Adam und Eva schämten sich dafür und bedeckten ihre Körper mit Blättern. Abends spazierte Gott durch den Garten, so wie er es immer machte, doch er konnte Adam nicht finden. „Adam, wo bist du denn?", rief Gott und zitternd kamen beide hervor. „Ich schäme mich, weil ich nackt bin", sagte Adam. „Woher weißt du das? Sag mal, hast du etwa von dem verbotenen Baum gegessen?", fragte Gott. „Ja, Eva hat mir davon zu essen gegeben", antwortete Adam. Und Eva fügte hinzu: „Die Schlange hat mich dazu verführt, deshalb habe ich gegessen."

Kommt dir das nicht bekannt vor, dass man die Schuld immer auf andere schiebt?

Gott beschloss, die beiden zu bestrafen: „Weil ihr euch nicht an das Verbot gehalten habt, müsst ihr das Paradies verlassen und selbst für eure Nahrung hart arbeiten. Und die Frauen werden Schmerzen haben, wenn sie Kinder bekommen." So mussten Adam und Eva den Garten für immer verlassen, Gott jedoch gab ihnen noch Kleidung aus Fellen und Tierhäuten mit. Adam und Eva waren nun sterblich geworden.

Wie stellst du dir ihr weiteres Leben vor?

Einigen Engeln befahl Gott, den Garten Eden zu bewachen, damit ihn kein Mensch jemals betreten könne.

Lehrerinformation

Die zweite Schöpfungserzählung, geschrieben vom Jahwisten, knüpft nicht an die erste Erzählung an. Hier liegt der Schwerpunkt eindeutig auf der Erschaffung des Menschen und seines Ungehorsams gegenüber Gott bzw. den damit verbundenen Folgen. Der Mensch ist hier die Mitte der Schöpfung und nicht wie in Genesis 1 die Spitze. Diese Schöpfungserzählung betont vor allem den anthropologischen Aspekt. Der Mensch wird nicht für sich erschaffen, sondern als Beziehungswesen, das ohne sozialen Kontext nicht vorstellbar ist. Der Text versucht, zu beschreiben, warum der Mensch so ist, wie er ist – ein Wesen mit Fehlern, das sterblich ist. Mann und Frau haben einen gemeinsamen Auftrag und auch eine gemeinsame Verantwortung gegenüber der Schöpfung. Gott vertreibt zwar Adam (hebr. Mensch bzw. der zur Erde gehörige) und Eva (die, aus der Leben kommt) aufgrund ihres Ungehorsams aus dem Garten Eden, aber er lässt sie dennoch nicht allein. Den beiden werden die Folgen ihres Fehlverhaltens deutlich gemacht, jedes Versagen bietet aber auch die Chance zu Besinnung und Umkehr, es besser zu machen. Vers 3,15 gibt zudem dem Menschen die Verheißung auf den Retter, Jesus Christus, damit sind die Menschen Gott nicht egal.

Weitere Ideen:

- Einstiegsmöglichkeiten:
  1) eine Fantasiereise durch einen Garten durchführen
  2) einen Garten mit Tüchern und anderen Materialien legen
  3) verschiedene Abbildungen von Gärten im Kinokreis präsentieren
- Anlegen eines Gartens: Welche Arbeiten sind im Laufe des Jahres zu tun?
- Menschenfigur oder Paar aus Ton gestalten
- Erschaffung des Menschen: Geschichten aus anderen Kulturen kennenlernen (Gemeinsamkeiten und Unterschiede herausstellen)
- Experimente mit Luft (Verweis auf den Atem Gottes)
- Bilderbuch zur Entwicklung des Menschen bereithalten, die Kinder können auch Ultraschallbilder und Fotos von sich als Baby mitbringen

Lieder:

Das große Liederbuch:
- Wir malen Gottes Paradies
- Der Traum von einem Paradies

Gott kennt mich ...
(Psalm 139)

Name: ______________________

① Lies dir die ausgesuchten Verse von Psalm 139 durch.

Ob ich sitze oder stehe, du weißt von mir. Von fern erkennst du meine Gedanken. (Ps 139,2)

Du umschließt mich von allen Seiten und legst deine Hand auf mich. (Ps 139,5)

Steig ich hinauf in den Himmel, so bist du dort; bette ich mich in der Unterwelt, bist du zugegen. (Ps 139,8)

Ich danke dir, dass du mich so wunderbar gestaltet hast. Ich weiß: Staunenswert sind deine Werke. (Ps 139,14)

Deine Augen sahen, wie ich entstand, in deinem Buch war schon alles verzeichnet. (Ps 139,16)

Denn du hast mein Inneres geschaffen, mich gewoben im Schoß meiner Mutter. (Ps 139,13)

② Was sagen die Verse über das Verhältnis von Gott und Mensch aus?

____

____

③ Suche den Vers heraus, der dir besonders gefällt. Schreibe ihn ab. Suche nun aus den ausliegenden Zeitschriften ein passendes Bild und klebe es in den Rahmen.

     ____ ____

Psalm 8: Die Herrlichkeit des Schöpfers – die Würde des Menschen

Name: ______________________

① Lies den Psalm.

Psalm 8

Herr, unser Herrscher,
wie gewaltig ist dein Name auf der ganzen Erde;
über den Himmel breitest du deine Hoheit aus.
Aus dem Mund der Kinder und Säuglinge schaffst du dir Lob,
deinen Gegnern zum Trotz;
deine Feinde und Widersacher müssen verstummen.
Seh ich den Himmel, das Werk deiner Finger,
Mond und Sterne, die du befestigst:
Was ist der Mensch, dass du an ihn denkst,
des Menschen Kind, dass du dich seiner annimmst?
Du hast ihn nur wenig geringer gemacht als Gott,
hast ihn mit Herrlichkeit und Ehre gekrönt.
Du hast ihn als Herrscher eingesetzt über das Werk deiner Hände,
hast ihm alles zu Füßen gelegt:
All die Schafe, Ziegen und Rinder
und auch die wilden Tiere,
die Vögel des Himmels und die Fische im Meer,
alles, was auf den Pfaden der Meere dahinzieht.
Herr, unser Herrscher,
wie gewaltig ist dein Name auf der ganzen Erde!

② Überlege zuerst für dich allein, wie das Verhältnis zwischen Gott und dem Menschen gesehen wird. Sprecht in der Klasse darüber.

③ Male alles um den Psalm, was darin vorkommt

Das Paradies

Name: ______________________

Adam und Eva leben in einem paradiesischen Garten.

① Male auf, wie du dir den Garten vorstellst, in dem Adam und Eva leben.

Im Paradies

② Male nun, wie Adam und Eva leben, nachdem sie das Paradies verlassen mussten.

Nicht mehr im Paradies

③ Beende folgenden Satz: Für mich ist es das Paradies, wenn ______________________

____

____

Ich bin einmalig ...

Name: ____________________

Jeder Mensch auf der Erde ist einzigartig, auch du.

Erstelle für dich einen Steckbrief auf einem Extra-Blatt und hänge diesen in der Klasse auf. Denke an folgende Angaben:

Name · Haarfarbe · Geburtstag · Vorname · Lieblingstier · Lieblingsessen · Größe · Sternzeichen · Hobbys · Augenfarbe · Lieblingsfarbe

Klebe oder male außerdem ein Bild von dir auf das Blatt. Du kannst auch einen Fingerabdruck daraufstempeln.

So ist der Mensch entstanden ...

Name: ____________________

Die Bibel sagt uns, dass der Mensch von Gott kommt und göttliches Leben in sich trägt. Die Naturwissenschaft hingegen geht davon aus, dass der Mensch und der Schimpanse sich aus einem gemeinsamen Vorfahren entwickelt haben. Das belegen verschiedene Menschenknochen, die bei Ausgrabungen gefunden wurden.

① Sieh dir das Bild an, wie sich der Mensch bis heute entwickelte.

② Was unterscheidet uns Menschen vom Tier? Legt eine Tabelle auf einem Extra-Blatt an.

Gemeinsam sind wir stark

Name:

Gott hat den Menschen als Mann und Frau geschaffen. Man sagt auch: Zu zweit geht vieles leichter.

Überlege, was Mann und Frau besonders gut zusammen können. Schreibe es um das Paar.

Schuld haben

Name:

① Lies die kurze Geschichte.

Stefan spielt mit Florian. Plötzlich nimmt Florian eine Spielfigur weg und es kommt zum Streit. Nach kurzer Zeit prügeln sich beide und Stefan fängt an zu schreien. Sofort steht die Mutter in der Tür und fragt: „Was ist denn hier los?“ „Florian ist schuld, der hat doch angefangen“, meint Stefan. „Stimmt doch gar nicht, ich habe nichts Schlimmes gemacht. Du hast mich geschubst“, beschwert sich Florian.

② Kommt dir das nicht bekannt vor? Erzähle von deinen Erlebnissen in der Klasse.

③ Überlege mit einem Partner oder in einer Dreiergruppe, wie die Geschichte weitergehen könnte.

④ In der Bibel kommt für das Wort Schuld der Begriff „Sünde“ vor. Forsche nach (Internet, Eltern oder Bekannte fragen, Lexikon), was damit gemeint ist.

⑤ Im Leben muss man sich an viele Regeln halten. Sammle Regeln und überlege in einer Dreiergruppe, welche Regeln unbedingt nötig sind und welche nicht.

Würfelspiel „Adam und Eva“
(Spielanleitung und Spielkarten)

Name: ____________________

Kennt ihr die Geschichte von Adam und Eva? Spielt gemeinsam das Würfelspiel.

Spielanleitung:
Wer die höchste Zahl würfelt, beginnt. Wenn du auf ein Feld mit einem Fragezeichen kommst, zieht der Spieler rechts von dir eine Karte und stellt dir die Frage. Wenn du sie beantworten kannst, darfst du nochmals würfeln. Gewonnen hat, wer zuerst im Garten Eden ist.

Woraus machte Gott den Menschen? Erde	Nach welchem Vorbild schuf Gott den Menschen? nach seinem Abbild	Wie hieß der erste Mensch? Adam
Wie hieß die erste Frau? Eva	Woraus entstand die Frau? aus der Rippe Adams	Wie nannte Gott seinen Garten? Eden
Warum schuf Gott dem Menschen eine Gefährtin? Damit er nicht allein ist.	Warum mussten Adam und Eva das Paradies verlassen? Weil sie vom Baum der Erkenntnis gegessen hatten.	Von welchem Baum aß Eva? vom Baum der Erkenntnis
Wer verführte Eva, vom Baum der Erkenntnis zu essen? die Schlange	Wie fühlten sich Eva und Adam nach der Tat? Sie schämten sich.	Was erkannten Adam und Eva, nachdem sie gegessen hatten? Dass sie nackt waren.
Gott brachte Tiere zu Adam. Was sollte er tun? den Tieren Namen geben	Was war die Strafe für Adams und Evas Tat? die Vertreibung aus dem Paradies	Wer bewachte nun den Garten? ein Engel

Würfelspiel „Adam und Eva“
(Spielplan)

Name: ______________________

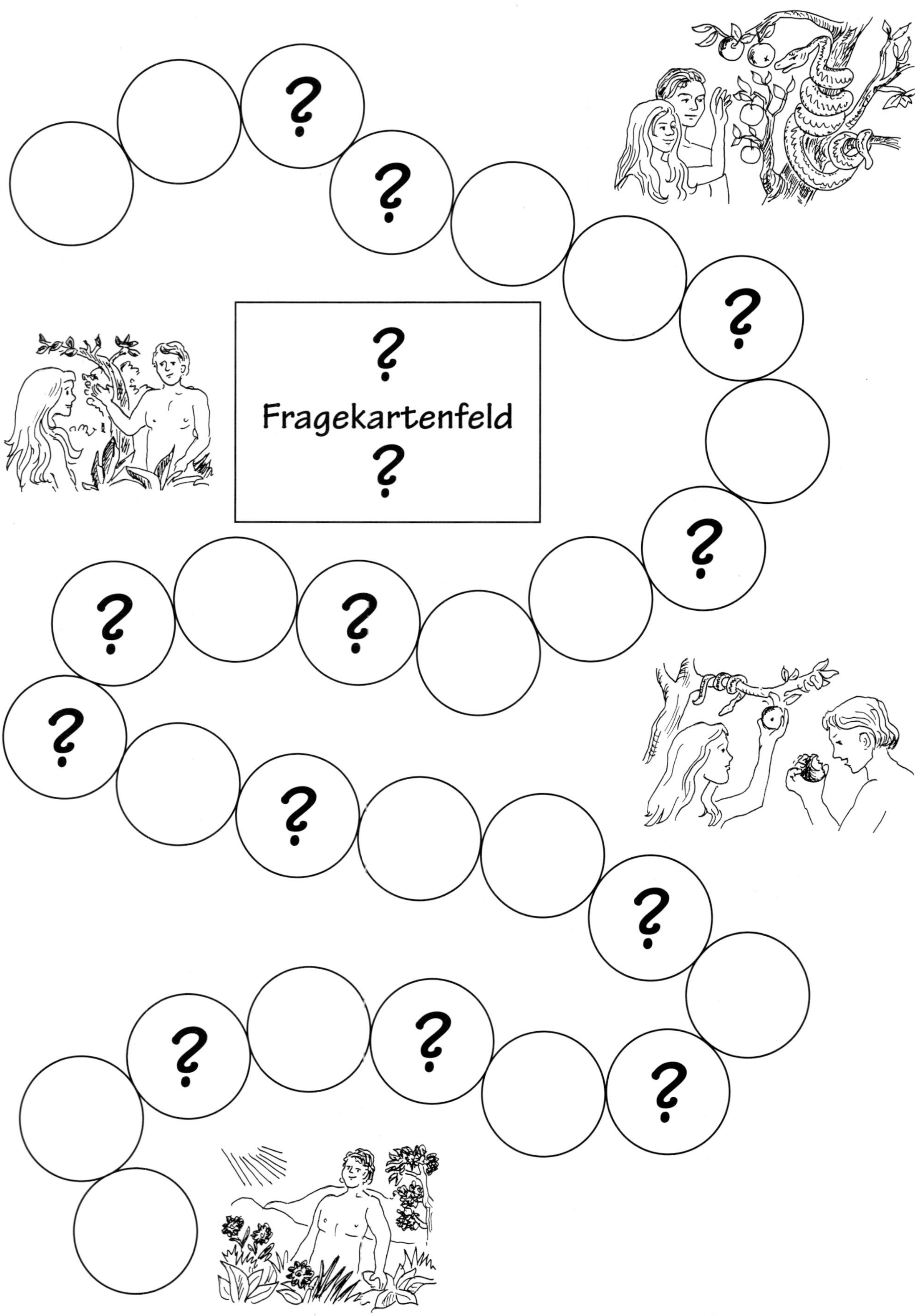

Adam und Eva – Buch

Name: ______________________

Bastele dir dein eigenes Buch von Adam und Eva.

① Male die Bilder an.

② Schneide sie anschließend aus.

③ Hefte sie zu einem Buch zusammen.

Adam und Eva
und die
Vertreibung
aus dem
Paradies

Gott erschuf zuerst den Menschen (Adam) und stellte ihn in einen schönen Garten.

Der Mensch wurde von Gott gewarnt, nicht vom Baum der Erkenntnis zu essen.

Weil sich Adam allein fühlte, machte Gott für ihn eine Frau, die Eva hieß. Beide lebten glücklich im Paradies.

Eines Tages verlockte die Schlange Eva dazu, die Früchte vom verbotenen Baum zu essen. Auch Adam aß.

Adam und Eva erkannten, dass sie nackt waren, und bedeckten sich mit Blättern.

Gott war wütend über ihre Tat und warf sie zur Strafe aus dem Paradies.

Ein Engel bewachte von nun an den Garten Eden.

Kain und Abel (Gen 4,1–16)

Adam und Eva begannen nach der Vertreibung aus dem Paradies Eden ein neues Leben. Das Leben war aber schwerer geworden, denn jetzt mussten sie selbst säen, pflanzen und ernten, um Nahrung zu bekommen. Aber Gott ließ sie nicht allein. Eva bekam zwei Söhne, zuerst Kain, einen starken und aufbrausenden Jungen, und später Abel, einen ruhigen Jungen. Beide wuchsen heran und mussten dann auch bei der Arbeit helfen. Kain wurde Bauer und Abel Schafhirte. Adam und Eva hatten ihren Söhnen von Gott und ihrem Leben im Paradies erzählt und sie gelehrt, zu beten und Gott Opfergaben darzubringen.
Als es Zeit war, dem Herrn zu opfern, suchte Abel aus seiner Herde das schönste Lamm aus und brachte es Gott auf dem Altar dar. Gott freute sich sehr darüber und der Rauch stieg vom Himmel. Kain hingegen legte nur etwas Getreide auf den Altar, denn er dachte sich: „Warum soll ich Gott danken? Ich habe schließlich selbst hart für die Ernte gearbeitet."

Wie findest du das Verhalten der beiden Brüder? Wie wird wohl Gott auf Kains Opfer reagieren?

Gott allerdings bemerkte, dass Kain es nicht ehrlich meinte, und schaute sein Opfer nicht einmal an. Da wurde Kain sehr wütend. „Warum bist du so zornig?", fragte Gott. „Wenn du voll Liebe an mich denken würdest, hätte ich doch dein Opfer angenommen. Kain, lass das Böse nicht hinein in dich!" Kains Zorn auf seinen Bruder wuchs und wuchs, denn er sagte sich: „Gott beachtet immer nur Abel, mich aber nicht."

Kommt dir diese Situation nicht bekannt vor? Manchmal fühlst du dich zurückgesetzt, hinter anderen. Keiner beachtet dich.

Und so lockte er eines Tages Abel aufs Feld: „Komm, lass uns aufs Feld gehen." Dort begann Kain einen Streit mit Abel und erschlug ihn in seiner Wut. Abel lag tot am Boden und Kain war nun entsetzt darüber, das hatte er nicht gewollt.

Wie wird nun Gott reagieren? Wie fühlt sich Kain nun? Was werden die Eltern sagen?

Schnell lief er fort, doch Gott stellte ihn zur Rede: „Kain, wo ist dein Bruder Abel?" „Das weiß ich doch nicht. Ich bin doch nicht der Aufpasser meines Bruders", antwortete Kain. „Was hast du getan? Ich kann das Blut deines Bruders auf dem Ackerboden deutlich sehen. So muss ich dich bestrafen, wenn du Getreide säst, wirst du von nun an nichts mehr ernten. Auch wirst du ohne Ruhe durch die Welt ziehen." Kain erkannte, dass es zwecklos war zu lügen, und so flehte er Gott an: „Wer mich irgendwann findet, wird mich erschlagen aus Rache." Gott hatte Erbarmen mit Kain und versah ihn mit einem Zeichen, dass jedem zeigen sollte, dass er unter Gottes Schutz steht. Kain zog dann aus seiner Heimat weg und ließ sich im Land Noch, östlich vom Garten Eden, nieder.

Lehrerinformation

In dieser Geschichte wird das Leben der Menschen außerhalb des Paradieses beschrieben. Kain (hebr. Schmied) und Abel (hebr. Hand), die Söhne Adams und Evas, wissen um den Wert einer Opfergabe, als es auch für sie an der Zeit ist, Gott zu opfern. Der Jahwist erzählt diese Geschichte zur Zeit der ersten Könige David und Salomo, als es nur noch um Macht und Eroberung für den Staat ging. Der Jahwist will damit zeigen, dass man sich nicht auf Gewalt einlassen soll, da man alles verlieren könnte, so wie Kain sein gewohntes Umfeld und seine Familie.
Bauern waren damals mächtiger als Hirten, denn sie hatten fruchtbares Land und konnten Vorräte sammeln, während die Hirten oft in der trockenen Steppe lebten und immer wieder neue Weideplätze für ihre Herden suchen mussten. Jeder der beiden Brüder schaut auf den anderen und hat ihn im Auge. Kain bringt Abel schließlich aus lauter Neid und dem Gefühl des Abgelehntseins um. Dennoch verlässt Gott nicht den Schuldiggewordenen, sondern beschützt ihn weiterhin aus lauter Barmherzigkeit.

Weitere Ideen:

- Einstiegsmöglichkeit: Sticker an alle Schüler verteilen, zwei bekommen nichts
  → Gefühl beider Gruppen herausarbeiten
- Erzählen der Geschichte mithilfe von Tüchern und anderen Materialien wie Teelichtern, Papier, Blätter, Steine, …
- Nachspielen der Geschichte, evtl. mit Fortsetzung
- Thema „Regeln beachten im Leben“ (z. B. 10 Gebote) besprechen
- eigene Schuldgeschichten schreiben
- Eifersucht und Streit zwischen Geschwistern thematisieren
  → eigene Erfahrungen der Kinder?

Lieder:

Das große Liederbuch:
Streit, Streit, Streit

Bibelhits:
- Kain und Abel
- Der weiße Kain

Kain und Abel opfern

Name: ______________________

① Schreibe in die Denkblasen, was Kain und Abel denken, als sie ihre Opfergaben darbringen.

② Wie fühlt sich Kain, als sein Opfer nicht beachtet wird? Markiere passende Wörter.

zornig	wütend	sauer	glücklich	neidisch
erfolglos	mutlos	zurückgesetzt	beleidigt	angespannt

③ Wie kann Kain seine bösen Gedanken bekämpfen? Was kann er tun? Überlegt in einer Dreiergruppe mögliche Tipps. Ergänzt die Liste.

Luft holen und sich erstmal beruhigen, ______________________

____

____

____

____

Was du nicht willst …

Name: ____________________

① Wie möchtest du von anderen Menschen behandelt werden?

② Wie willst du dich anderen gegenüber verhalten?

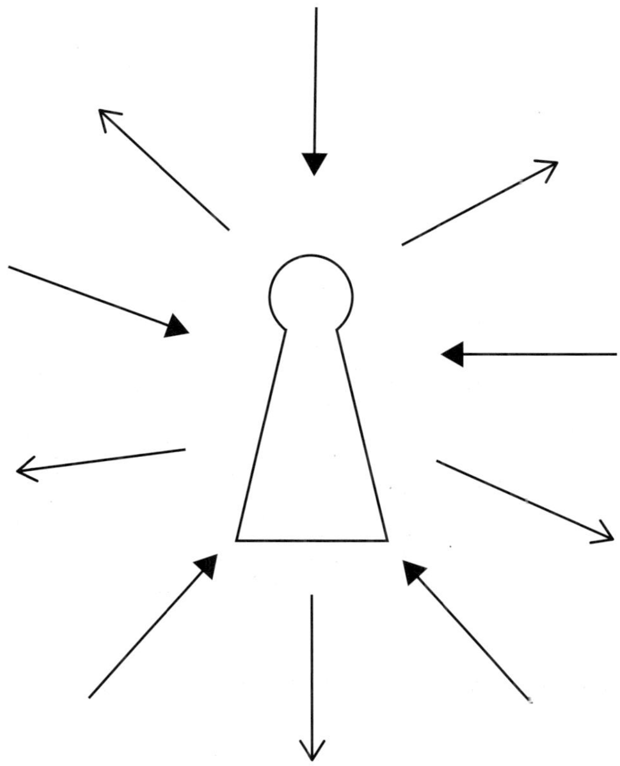

③ Menschen haben auch heute Gefühle wie Neid, Eifersucht, Wut oder Angst. Der eine hat Glück im Leben, der andere Pech. Einer ist reich, der andere arm. Der eine ist immer gesund, der andere wird immer krank.

Ergänze.

Ich bin neidisch ____________________

Ich bin eifersüchtig ____________________

Ich bin wütend ____________________

Ich habe Angst ____________________

④ Wie wäre die Geschichte von Kain und Abel wohl verlaufen, wenn sie gemeinsam Gott gedankt und miteinander geredet hätten?

„Ich wollte das doch nicht ...“

Name:

① Was denkt Kain in diesem Moment? Schreibe es in die Gedankenblase.

② Schreibe ein Elfchen über Kains Gefühle.

Beispiel:

Abel
Mein Bruder
Er ist tot
Ich wollte das nicht
Flucht

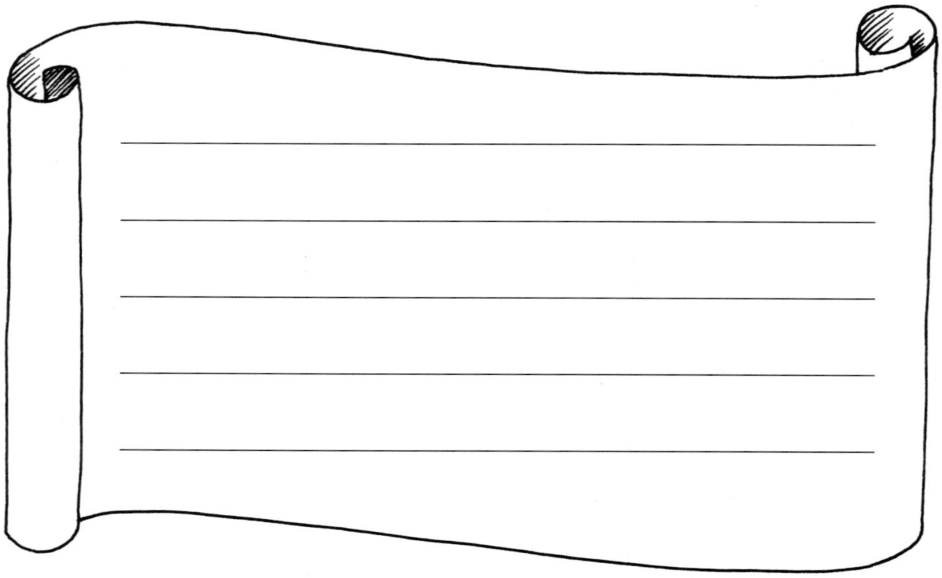

Abel – ein Leben als Schafhirte

Name: ____________________

Die Hirten damals gehörten zu den armen Leuten, die beim Volk nicht sehr geachtet waren. Die Hirten trugen meistens zerlumpte Kleidung und zogen mit ihren Herden von Weideplatz zu Weideplatz, sie hatten also keinen festen Wohnort. Manchmal taten sich auch mehrere Hirten mit ihren Herden zusammen, so konnten sie sich besser gegen alle Gefahren durch Feinde und wilde Tiere verteidigen. Hirten hielten ihre Schafherden zusammen, suchten neue saftige Weideplätze für sie, lebten mit ihnen und beschützten sie.

Schafe waren in Israel und den umliegenden Ländern wertvolle Tiere, weil sie Milch, Fleisch und Wolle lieferten. Bei seinen Wanderungen nahm ein Hirte diverse Dinge mit: In der Umhängetasche waren eine Keule, Steine und eine Schleuder, um wilde Tiere und Räuber fernzuhalten. Außerdem besaß er einen langen Hirtenstab, ein Messer, eine Wasserflasche und eine Flöte oder Trommel, die zur Unterhaltung dienten.

① Wie sorgte ein Hirte für seine Herde?

____

____

____

② Gott kann man mit einem guten Hirten vergleichen. Warum ist Gott wie ein Hirte? Denke daran, was er mit Kain macht.

____

____

____

③ Benenne die dargestellten Dinge.

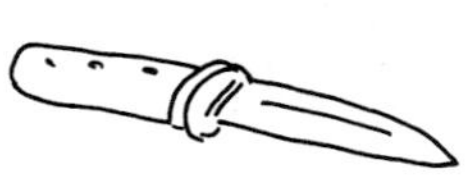

____

____

____

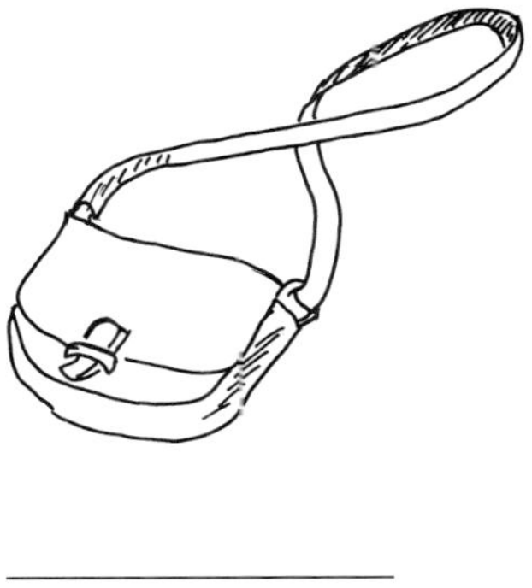

____

____

____

____

Kain – ein Bauer

Name: ______________________

Bauern waren damals mächtiger als Hirten, denn sie waren Landbesitzer. Angebaut wurden Früchte, Wein oder Getreide. Was musste ein Getreidebauer im Laufe des Jahres alles erledigen?

① Lies die Sätze.

② Verbinde den jeweiligen Satz mit dem passenden Bild.

1)

Das Korn wird mit der Hand ausgesät.

2)

Der Bauer pflügt mit Ochsen sein Feld.

3)

Nun wird das Getreide geerntet. Die Halme werden als Garben aufgestellt.

4)

Mit Dreschflegeln wird das Getreide gedroschen. Danach benutzen Männer Schaufeln, um Staub und Spreu zu entfernen.

5)

Frauen mahlen die Körner zu Mehl.

Ein Opfer darbringen

Name: ____________________

① Lies den Text.

Um Gott zu danken oder ihn um Verzeihung zu bitten, gab man ihm etwas von dem, was man zum Leben benötigte, als Gabe bzw. Opfergabe. Meistens waren es Lebensmittel wie Brot, Öl, Wein, Mehl oder Feldfrüchte. Diese nennt man Speiseopfer.
Zu den Schlachtopfern zählt man: Schafe, Rinder und Zeigen. Diese wurden ganz oder zum Teil auf dem Altar verbrannt.
Der Rauch des Brandopfers sollte dann zu Gott emporsteigen. Wenn im Tempel Opfer von den Priestern dargebracht wurden, bekamen sie auch einen Teil davon. Den Rest bekam derjenige, der das Tier gespendet hatte, für ein eigenes Opfermahl.

② Kreuze die richtige Satzergänzung an.

Man opfert Gott, um
- ☐ ihm zu danken.
- ☐ ihn zu reizen.
- ☐ ihn zu belohnen.

Zu den Speiseopfern gehören
- ☐ Öl, Früchte und Wein.
- ☐ Mehl, Blätter und Lampen.
- ☐ Früchte, Wein und Decken.

Ein Opfer bringt man dar auf
- ☐ einem Stuhl.
- ☐ dem Altar.
- ☐ dem Boden.

Zu den Brandopfern gehören z. B.
- ☐ Schafe.
- ☐ Hunde.
- ☐ Esel.

Einen Teil des Opfertieres bekamen im Tempel auch die
- ☐ Beamten.
- ☐ Könige.
- ☐ Priester.

③ Was kannst du Gott schenken? Schreibe oder male es ins Herz.

Kain und Abel – Bilderbuch

Name: ______________________

① Schreibe zu jedem Bild, was passiert ist.

② Wenn du fertig bist, kannst du die Streifen anmalen, ausschneiden und zu einem Heft zusammenheften.

Kain und Abel
Bilderbuch

Noach und die Sintflut (Gen 6,1–9,17)

Auf der Erde lebten nun immer mehr Menschen, aber leider war ihr Zusammenleben nicht gerade friedlich. Gott musste mit ansehen, wie der Mensch, den er nach seinem Abbild geschaffen hatte, log, betrog, tötete und stahl. Die Menschen waren sehr böse geworden und Gott bereute schon, den Menschen überhaupt geschaffen zu haben. Und so beschloss er, die Menschen und die Tiere für immer zu vernichten. Es gab aber einen Mann, der hieß Noach.

Wie verhält sich wohl dieser Mann? Kann er Gott von seinem Plan abbringen?

Noach war ein guter und gerechter Mann, der nach dem Willen Gottes lebte und ihn verehrte. Ihn und seine Familie wollte Gott retten. So sprach er zu Noach: „Ich habe beschlossen, alle Menschen und Tiere, die ich geschaffen habe, zu vernichten, denn die Erde ist voll Hass und Gewalt. Ich will, dass du eine Arche aus Zypressenholz baust: 300 Ellen lang, 50 Ellen breit und 30 Ellen hoch. Dichte sie gut mit Pech ab und baue drei Stockwerke ein. Der Eingang soll an der Seite sein. Ich will nämlich eine große Flut schicken und alles vernichten. Nimm von allen Tierarten immer ein Paar mit, ein Männchen und ein Weibchen. Denke ebenso an genügend Nahrung für deine Familie und die Tiere. Ich werde es auf der Erde 40 Tage und Nächte regnen lassen.

Wie reagieren wohl die Nachbarn, als er die große Arche baut?

Noach gehorchte und baute mit seinen Söhnen, das große Boot, die Arche. Die Nachbarn lachten ihn aus, denn was wollte Noach mit so einem großen Boot weit weg vom Meer. Doch Noach störte sich nicht an ihrem Gerede und baute weiter. Als die Arche fertig war, schickte Gott von jeder Tierart ein Männchen und ein Weibchen in die Arche. Nachdem auch die Vorräte auf der Arche waren, befahl Gott Noach und seiner Familie, in die Arche zu gehen, und er verschloss die Tür hinter ihnen.

Dann fing es an zu regnen und hörte nicht mehr auf. Bald wurde die Arche angehoben und begann zu schwimmen. Noach war sicher mit seiner Familie. Die Menschen und Tiere kletterten auf ihre Häuser und die Gipfel der Berge, doch es nützte nichts. Sie ertranken in den Fluten. Nun war die gesamte Erde von den Wassermassen bedeckt und es regnete 40 Tage und Nächte.

Stelle dir vor, du bist ein Mitglied von Noachs Familie. Was macht ihr den ganzen Tag und wie fühlt ihr euch?

Eines Morgens bemerkte Noach, dass es aufgehört hatte zu regnen. Weitere 150 Tage sank das Wasser allmählich, bis das Schiff am Berg Ararat auf Grund lief. „Wir können erst herausgehen, wenn es trocken ist“, dachte Noach und so schickte er erst einen Raben hinaus, der aber wieder zurückkehrte. Dann schickte er eine Taube aus, doch auch sie kam zurück. So wartete Noach wieder einige Tage und ließ die Taube aus der Arche. Abends kam sie mit einem Olivenzweig im Schnabel zurück. Jetzt wusste Noach, dass nur noch wenig Wasser auf der Erde stand. Sieben Tage später ließ er die Taube erneut heraus, nun kam sie nicht mehr wieder. Noach öffnete vorsichtig die Tür und Gott sagte: „Noach, komm jetzt mit deiner Familie und den Tieren heraus.“ Und so geschah es.

Alle Tiere aber zogen in verschiedene Richtungen, um sich ein neues Zuhause zu suchen. Voller Freude und Dankbarkeit über die Rettung baute Noach einen Altar und brachte ein Opfer dar. Gott sprach: „Ich weiß, die Menschen werden sich nie ändern und immer böse sein, trotzdem werde ich die Erde nie mehr vernichten. Solange die Erde besteht, sollen Aussaat und Ernte, Kälte und Hitze, Sommer und Winter, Tag und Nacht nicht aufhören.“ Gott segnete Noach und seine Familie und sagte: „Ihr sollt viele Kinder haben und die Welt bevölkern. Ich schließe mit euch einen Bund und werde nie wieder eine Flut schicken. Dies verspreche ich und setze den Regenbogen als Zeichen in den Himmel. Wann immer ihr einen bunten Regenbogen seht, erinnert euch an mein Versprechen. Ich bin für euch da.“ Und quer über dem Himmel leuchtete ein bunter Regenbogen.

Der Regenbogen erinnert uns an den Bund Gottes mit Noach. Kennst du auch Zeichen, die an etwas erinnern sollen?

Lehrerinformation

Die Erzählung von Noach (hebr. Ruhe) ist eine weitere Urgeschichte des Jahwisten und einer priesterlichen Deutung verdeutlicht wird, wie sich Noach auf die Zusagen Gottes einlässt. So wird er immer unter dem Schutz Gottes stehen. In dieser Geschichte wird die Bedrohung der Schöpfung durch das unmögliche Verhalten der Menschen und die Angst vor dem Untergang angesprochen. Die Arche ist hier gleichzeitig ein Schutz und Rettungsschiff, aber auch ein Gefängnis auf längere Zeit. Dass sowohl Mensch als auch Tier gerettet werden, zeigt ihre enge Verbundenheit. Nach der Rettung erhalten Noach und seine Nachkommen eine Bundeszusage, dass Gott nie mehr die Welt vernichten will. Das Symbol des Bundes ist der Regenbogen, der in vielen Kulturen eine Rolle spielt. Neben dem Verheißungsmotiv steht aber auch das Segnungsmotiv. So ist die Noachgeschichte auch eine Geschichte des Neuanfangs mit uns Menschen: Gott lässt uns nicht im Stich. Taube und Ölzweig verweisen ebenso auf eine hoffnungsvolle friedliche Zukunft.

Weitere Ideen:

- Einstiegsmöglichkeiten:
  1) Legen eines Regenbogens
  2) Zeigen eines Regenbogenbildes
  3) Zeigen eines Bildes einer Flutkatastrophe
- zu Wasserbildern Gedanken austauschen
  → Was vermag Wasser?
- Nachlegen der Geschichte
- Bilder zur Arche betrachten, z. B. Chagall (1931): Noach entsendet die Taube
- Heutige Karikaturen zur Arche Noah besprechen
  → Wer darf heute mit auf die Arche?
- Verklanglichen der Geschichte
- Arche aus Karton basteln
- Was können Menschen tun, damit die Erde lebenswert bleibt?
- Wandfries mit großer Arche und vielen Tierpaaren gestalten
- Gilgamesch-Epos (Babylonien)
  → Vergleich und Gemeinsamkeiten

Lieder:

Das große Liederbuch:
- Bau ein großes Boot
- Wir bauen den Rettungskahn
- Die große Flut
- Die Tauben bringen den Frieden mit
- Weil der Himmel nicht mehr weint

Bibelhits:
- Noah, Noah
- Es ist noch Platz in der Arche
- Gottes Regenbogen

Schattenspiel am Overheadprojektor

Name: ____________________

Die Geschichte von Noach könnt ihr am Overheadprojektor als Schattenspiel darstellen.

① Schneidet dazu die Vorlagen aus und klebt einen kleinen Holzspieß dahinter. So könnt ihr die Figuren besser führen.

② Gestaltet außerdem mit Folienstiften auf einigen Folien Hintergrundbilder (z. B. die Arche auf dem Wasser, Noachs Heimatstadt, die Arche auf der Bergspitze).

③ Überlegt euch nun, wer welche Figur übernimmt und wer die Geschichte von Noach langsam vorliest.

Der Bau der Arche

Name: ______________________

Noach vertraut auf Gott und macht voller Gehorsam, was er ihm aufgetragen hat. Er baut eine Arche.

① Schreibe in die Gedankenblase, was er über Gottes Auftrag denkt.

② Während Noach die Arche mit seinen Söhnen baut, schauen seine Nachbarn immer wieder vorbei. Was denken und was sagen sie über Noach? Schreibe es in die Gedanken- und Sprechblasen.

③ Überlegt euch in Vierergruppen ein Rollenspiel, in dem Noach und drei Bewohner des Dorfes aufeinandertreffen. Worüber reden sie und wie behandeln sie Noach? In euer Rollenspiel könnt ihr auch die Ideen von Aufgabe 2 mit einbringen!

Einstieg in die Arche

Name:

Mit Noach gehen seine Frau, seine drei Söhne und deren Frauen sowie die Enkelkinder mit auf die Arche. Von jeder Tierart nimmt er ein Männchen und ein Weibchen mit.

① Zeichne die fehlenden Personen und weitere Tierpaare in die Arche.

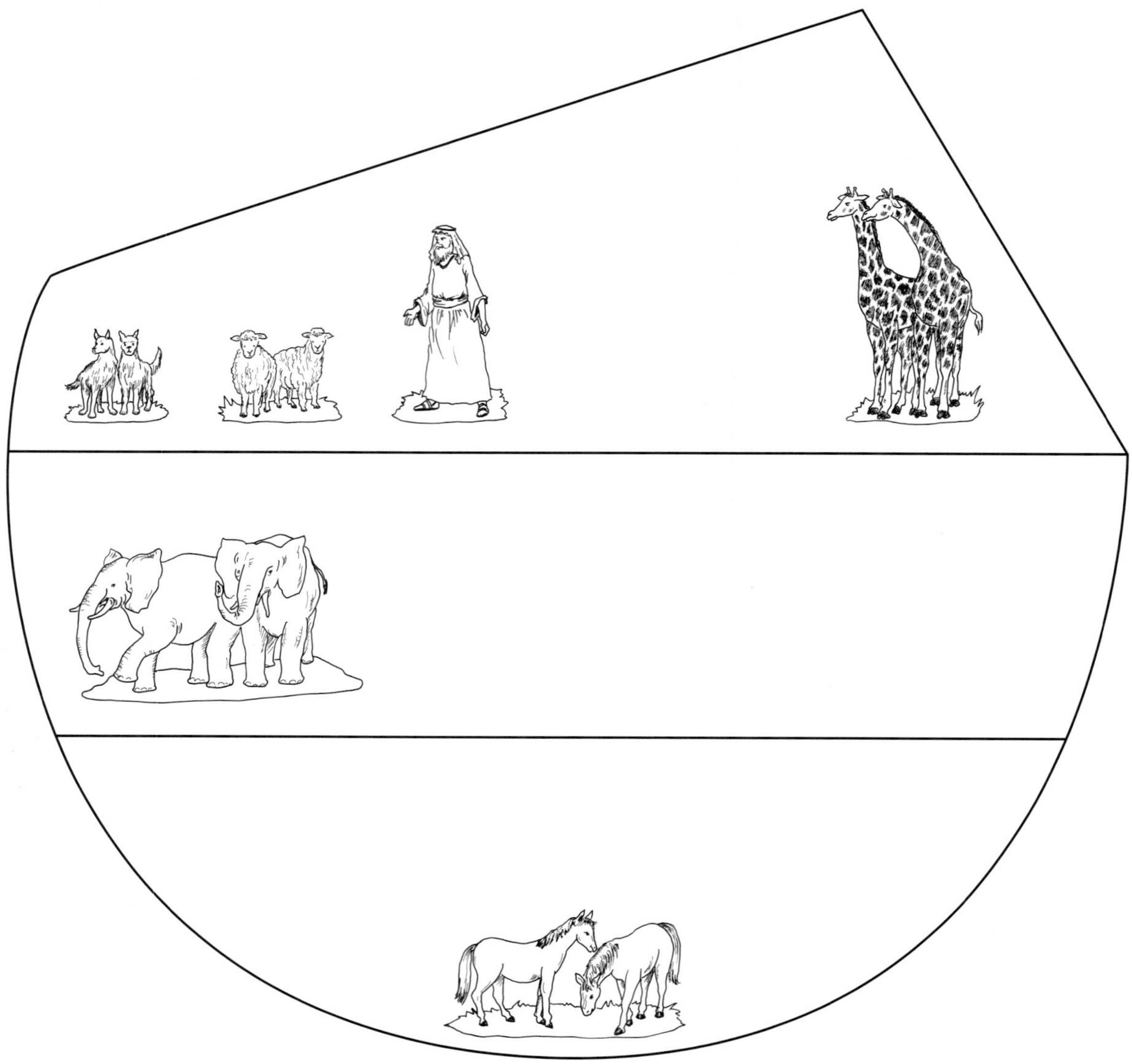

② Was oder wen würdest du in die Arche mitnehmen wollen und warum? Es dürfen nur sehr wenige lebenswichtige Personen/Dinge sein (höchstens fünf)!

Personen

Dinge

In der Arche

Name: ______________________

Noachs Familie ist mit den Tieren eine lange Zeit in der Arche. Die Arche bietet ihnen Schutz vor der Flut, doch es ist dunkel und viele Sorgen, Ängste und Zweifel machen sich langsam breit.

① Schreibe in die linke Seite der Arche, wie sich die einzelnen Familienmitglieder (Noach, seine Frau, die Söhne, die Enkelkinder) fühlen.

② Schreibe in die rechte Seite der Arche, was sie sich erhoffen.

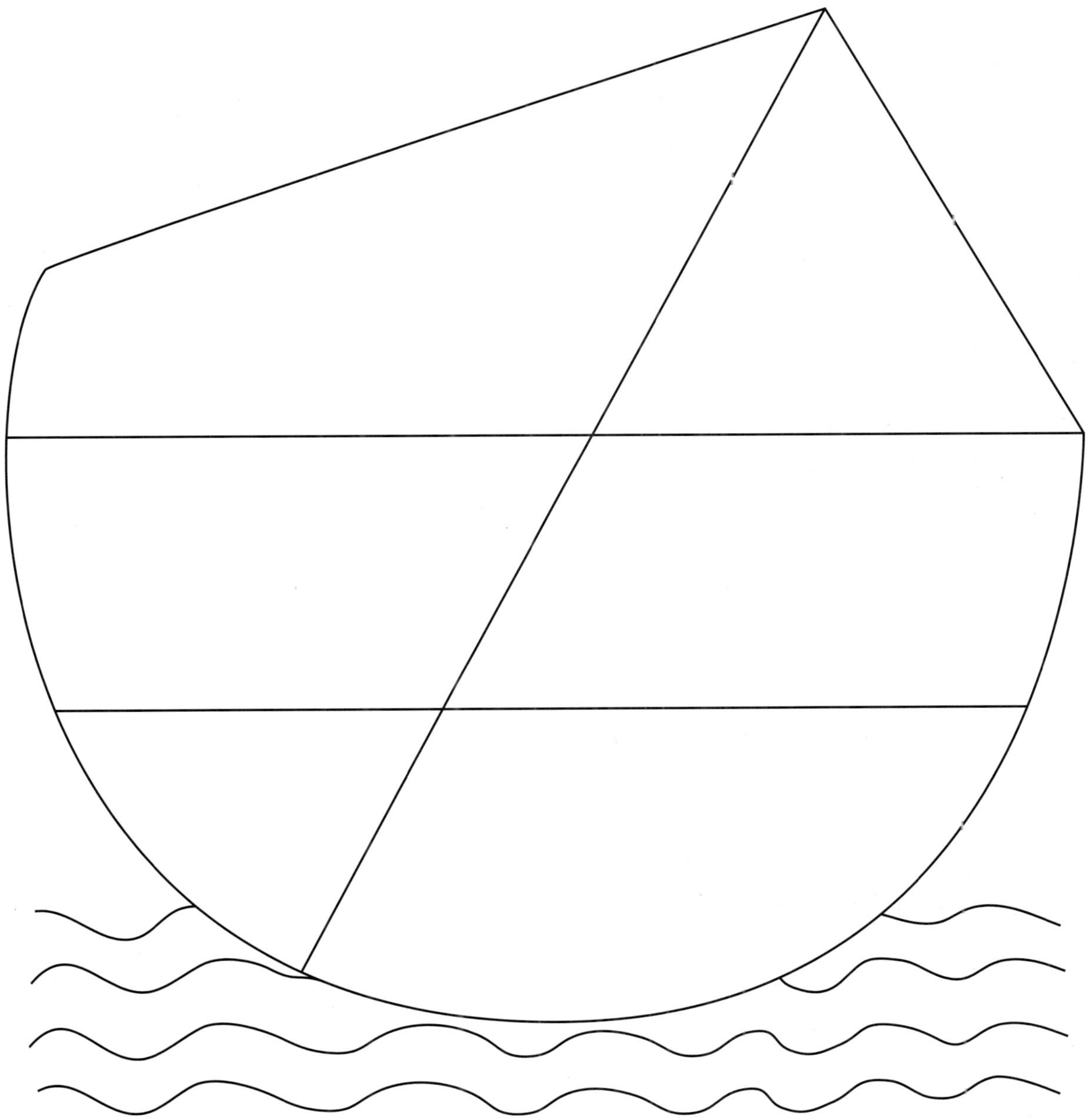

Der Regenbogen als Zeichen

Name: ____________________

„Ich werde die Erde und das, was auf ihr lebt, nie mehr zerstören." Diese Zusage hat Gott uns gegeben.

① Was macht aber der Mensch mit seiner Umgebung, der Erde? Redet in der Klasse darüber.

② Wann erscheint der Regenbogen am Himmel und warum?

Der Regenbogen ist eine Verbindung zu Gott, er ist wie eine Brücke.

③ Male den Regenbogen an und schreibe in die Gedankenblasen, was die Tiere und Menschen denken, als sie den Regenbogen am Himmel sehen.

Noach und die Taube

Name: ______________________

Was sieht Noach, als er aus dem Fenster sieht, während er auf die Taube wartet? Male es in das Fenster.

Noach dankt nach der Rettung

Name: ______________________

Noach und seine Familie danken Gott für die Rettung. Dazu bringen sie ihm ein Brandopfer auf dem Altar dar. Noach spricht auch ein Dankgebet.

Überlege dir, was Noach Gott alles sagen könnte. Schreibe auch anschließend ein Dankgebet an Noachs Stelle. Du kannst dafür die untenstehenden Satzanfänge nutzen.

Gott, …

Ich danke dir ….

Ich freue mich …

Du bist so …

Es ist wunderbar …

Eine Sintflut heute ...

Name: ____________________

① Was könnte eine Flut heute auslösen?

② Wodurch ist unser Leben heute bedroht?

③ Wer könnte heute auf die Arche?

④ Der Mensch hat einen Schöpfungsauftrag bekommen. Notiere in einer Tabelle, was er Gutes bzw. Schlechtes für die Schöpfung getan hat.

Gutes	Schlechtes

Die Geschichte von Noach in der Streichholzschachtel

Name: ______________________

Gestalte die Geschichte von der Arche Noah in einer Streichholzschachtel.

1) Male die Bilder an und schneide die Streifen anschließend aus.
2) Klebe sie so aneinander, dass sie eine fortlaufende Geschichte ergeben.
3) Das letzte Bild der Geschichte klebst du in der Streichholzschachtel fest.
4) Dann knickst du den Rest wie eine Ziehharmonika, bis die Geschichte in der Schachtel verschwunden ist.
5) Zuletzt kannst du noch deine Schachtel von außen gestalten.

Die Arche Noach	Gott sieht, dass die Menschen böse sind. 	Er will Noach retten und gibt ihm den Auftrag, eine Arche zu bauen. 
Noach baut die Arche. 	Von jeder Tierart steigen zwei Tiere in die Arche und Noachs Familie. 	Die Flut vernichtet alle Lebewesen. 
Es regnet vierzig Tage und Nächte. 	Eine Taube bringt Noach einen Ölzweig. 	Als es trocken ist, verlassen Mensch und Tier die Arche. 
Noach und seine Familie bauen einen Altar und danken Gott für die Rettung. 	Gott sendet den Regenbogen als Zeichen. 	Auch heute noch kannst du den Regenbogen als Zeichen Gottes sehen. 

Abrahams Berufung und Verheißung
(Gen 11,10–13,18; 15,1–21)

Abraham war einer von Noachs Nachfahren. Er wuchs in der reichen Stadt Ur, in Mesopotamien auf. Später zog sein Vater mit ihm und seiner Frau nach Haran. Dort lebten Abraham und seine Frau Sara als Nomaden im Wohlstand. Sie hatten zahlreiche Knechte und Mägde und besaßen große Herden mit Schafen, Ziegen, Kamelen und Eseln. Ihnen ging es richtig gut. Eines Tages, als Abraham schon 75 Jahre alt war, sprach Gott zu ihm: „Zieh mit deiner Familie weg in ein fremdes Land, das ich dir zeigen werde. Verlasse deine Verwandten und dein Vaterhaus. Ich werde dich segnen und zum Stammvater eines großen Volkes machen.“

Wie wird Abraham reagieren? Was sagen seine Frau und seine Verwandten dazu?

Abraham war zuerst ein wenig verwirrt. Sollte er seine Heimat mit 75 Jahren wirklich für ein unbekanntes Ziel verlassen? Aber sein Gottvertrauen siegte und so machte er sich an die Reisevorbereitungen. Neben seiner Frau Sara und seinem Neffen Lot, nahm er seine Diener und Herden mit. So wanderten sie nach Gottes Anweisungen bis nach Kanaan.

Dann zog Abraham weiter nach Ägypten, denn im Lande Kanaan gab es eine große Hungersnot. Dort wurde Abraham wegen seiner schönen Frau Sara gut behandelt und er bekam vom Pharao Schafe, Ziegen, Rinder, Esel, Kamele und Diener. So reich beschenkt, wanderte Abraham schließlich wieder Richtung Kanaan, von einem Lagerplatz zum anderen, bis in die Gegend von Bet-El, wo er schon früher sein Zelt aufgeschlagen und einen Altar gebaut hatte. Dort betete er zu Gott. Lot, der mit Abraham zog, besaß mittlerweile auch viele Schafe, Rinder, Ziegen und Zelte. Ihr Besitz war so riesig, dass es schwierig war, genug Weideland für alle Tiere zu finden. So gerieten ihre Hirten in heftigen Streit, sie prügelten sich sogar.

Was passiert nun? Was werden Abraham und Lot tun?

Abraham dachte nach: „So wie mich Gott gesegnet hat, will ich auch ein Segen für andere sein. Es soll keinen Streit mehr zwischen unseren Hirten geben, wir sind doch nahe Verwandte. Sieh dir das Land an, Lot. Entscheide du, in welche Richtung du mit deiner Familie und den Herden gehen willst.“ Lot betrachtete das Land und wählte das wasserreiche Jordantal mit seinen saftigen Wiesen aus. Er zog Richtung Sodom und ließ sich dort nieder. Abraham ließ sich in Kanaan nieder, er war sehr reich, hatte aber immer noch keine Kinder. Wer sollte sein Erbe einmal antreten? Die Verheißung Gottes schien unerfüllbar. Da sprach Gott zu Abraham: „Du wirst bald einen Sohn bekommen. Das ganze Land, das du siehst, will ich dir und deinen Nachkommen für immer geben. Und deine Nachkommen will ich so zahlreich machen wie den Staub der Erde oder die Sterne am Himmel. Ich schenke dir das Land, durchziehe es kreuz und quer.“ Da brach Abraham vertrauensvoll auf und ließ sich in der Gegend von Hebron nieder, wo er einen Altar errichtete und betete.

Wird sich die Verheißung erfüllen? Was denken Abraham und Sara?

Lehrerinformation

Die Abrahamgeschichte gehört zu den sogenannten Vätergeschichten, die von der Erfahrung mit Gott erzählen, der Menschen auf den Glaubensweg ruft und sie voller Fürsorge begleitet. Die Geschichte von den Vätern Israels sind von grundlegender Bedeutung für die biblisch-christliche Überlieferung. Sie konfrontieren nicht nur mit Zentralmotiven wie Gehorsam und Verheißung, sondern sie vermitteln auch ursprüngliche Erfahrungen von Menschen mit Gott und vom Leben und Umgehen der Menschen miteinander. Exemplarisch dafür steht Abraham (hebr. Vater der Völker). Er ist nicht nur der erste in der Väterreihe, sondern auch Vater des Glaubens. Gott spricht Abraham an und verheißt ihm eine große Zukunft, wenn er sein Land verlässt. Er gibt ihm zudem die Zusage, dass er ein Segen für die Völker wird – dies ist somit ein weiterer Versuch Gottes mit den Menschen nach der Sintflut und dem Turmbau zu Babel. Segen ist Schülern ein Begriff z. B. im Gottesdienst oder durch besondere Anlässe wie der Taufe etc. Hier geht die Segenskraft von Gott aus, der die Menschen auffordert, ihm und seinen Verheißungen zu vertrauen und sich auf ihn zu verlassen, auch wenn die Erfüllung der Verheißungen manchmal etwas längere Zeit in Anspruch nehmen.

Weitere Ideen:

- Einstiegsmöglichkeit: einen Umzugswagen zeigen mit dem Zusatz: Claras Vater soll für seine Firma zwei Jahre im Ausland arbeiten
- Bildbetrachtung, z. B. „Verheißung an Abraham“ (Wiener Genesis), „Die Nacht von Hebron“ (Sieger Köder)
- mit einer Fantasiereise beginnen, bevor das Nomadenleben mithilfe von Bildern näher betrachtet wird
- ein Nomadenfest gestalten (Fladenbrote backen)
- ein Zelt aus Stangen, Tüchern etc. bauen, evtl. Knetfiguren dazustellen
- Redensarten bezüglich Segen
- Brettspiel/Domino zur Geschichte entwickeln lassen (in Gruppen)

Lieder:

Das große Liederbuch:
Halte zu mir guter Gott

Schwerter Liederbuch:
Herr, wir bitten: Komm und segne uns

Bibelhits:
- Ein Mensch, er nennt sich Abraham
- Auf geht's, Abraham!
- Gott, segne die Erde
- Ich will dich segnen

Gottes Versprechen

Name:

① Gott gibt Abraham ein Versprechen. Was sagt er?

② Was denkt Abraham über Gottes Verheißung? Denke daran, dass Abraham und Sara bis jetzt noch kein Kind bekommen haben.

Abrahams und Saras Weg

Name: ____________________

① Schreibe ein Gedicht über Abrahams und Saras bisherigen Weg mit Gott. Denke daran, was sie erlebt haben, welche Zweifel und Hoffnungen sie hatten.
Wähle eine Gedichtform aus.

a) Sie vertrauen auf Gott

____

____

Sie vertrauen auf Gott

____

____

Sie vertrauen auf Gott

____

____

b) Akrostichon

A____________________

B____________________

R____________________

A____________________

H____________________

A____________________

M____________________

② Abraham baut an vielen Orten einen Altar auf und betet. Was könnte er für ein Gebet sprechen, als er sich in der Nähe von Hebron niederlässt? Schreibt eure Gebete auf einzelne Papiersteine und klebt sie zu einem Altar zusammen.

Bastelbogen zur Abrahamsgeschichte

Name: ______________________

Gestalte eine Landschaft, in der Nomaden wie Abraham früher lebten:

a) Schneide die einzelnen Personen, Tiere und Dinge aus.
b) Male sie an.
c) Für die Landschaft kannst du z. B. einen großen Bogen Tonkarton nehmen oder einen Karton.
d) Zum Schluss kannst du die Figuren hineinstellen oder ankleben.

Abraham soll wegziehen

Name: ______________________

Abraham erhält von Gott den Auftrag, wegzuziehen in ein fremdes Land.

① Schreibe in die Gedanken- und Sprechblasen, was Abraham, seine Frau Sara, die Familie und Nachbarn denken und sagen. Welche Erwartungen, Hoffnungen und Ängste haben sie?

② Stelle dir vor, du müsstest deine Heimatstadt verlassen, weil deine Eltern in einem anderen Land eine Arbeit gefunden haben.

a) Was denkst du darüber? Was macht dich traurig bzw. ärgerlich? Worauf freust du dich? Sprecht in der Klasse darüber.
b) Was würdest du auf jeden Fall mitnehmen?

Streit zwischen Hirten

Name:

Abrahams und Lots Hirten streiten sich um die Weideplätze. Da ihre Herden mittlerweile so zahlreich sind, gibt es nicht genügend Nahrung für alle.

① Überlegt euch in Dreiergruppen ein Rollenspiel zwischen den beiden Hirtengruppen. Was sagen sie zueinander?

Abrahams Hirten

Lots Hirten

② Was könnte Abraham tun? Was denkt er über die Situation?

③ Nachdem Abraham entschieden hat, könnten seine Hirten mit ihm unzufrieden sein. Warum?

Abraham, ein Nomade

Name: ______________________

① Lies den Sachtext über Nomaden.

Abraham war ein Nomade. Nomaden sind Hirtenvölker, die an keinem Ort sesshaft sind und große Gebiete durchstreifen, auf der Suche nach Wasser und Weideplätzen. Nomaden lebten zu Abrahams Zeit in Zelten aus Ziegenfell. Die Zelte hatten einen geschlossenen Raum und ein offenes Vorzelt, in dem Gäste empfangen wurden. Vor den Zelten gab es eine Feuerstelle, auf der die Frauen backten und kochten. Hier saß man auch abends ums Feuer und erzählte Geschichten.
Als Lasttiere dienten ihnen Esel und Kamele. Je mehr Tiere ein Nomade besaß, desto reicher war er. Ziegen und Schafe lieferten Wolle und Felle, aus denen die Nomaden Kleider machten. Diese Gewänder waren weit und schützten sowohl gegen Hitze als auch Nachtkälte. Zudem trugen die Nomaden einen Kopfschutz.
Das Fleisch der Tiere aßen sie und die Milch tranken sie. Nomaden trieben ihre Herden in der Steppe umher, am Rand der Wüste, wo noch genügend Gras wuchs. Wo Gras wuchs, war meistens auch Wasser zu finden. Man zog es mit Lederbeuteln aus tiefen Brunnenlöchern herauf. Manchmal gab es auch Wassergruben, wo man es mit Krügen schöpfen konnte – dies machten die Frauen.
Wenn Nomaden durch die Wüste zogen, reisten sie von Wasserstelle zu Wasserstelle. An jeder Oase tränkten und weideten sie die Tiere. Für ihre weitere Wanderung füllten sie Wasser in Wasserschläuche. Besonders Kamele waren als Lasttiere in der Wüste geeignet, da sie lange ohne Wasser auskommen können und größer und stärker als Esel sind.

② Ordne den Bildern passende Begriffe zu.

③ Vergleiche dein Leben, mit dem eines Nomaden.

Ihr sollt ein Segen sein

Name: ______________________

Abraham wird von Gott gesegnet.

① Womit segnet Gott ihn?

____

____

____

② Segen:

Viel Glück und viel Segen

Welch ein Segen, dass du da bist.

Sich regen bringt Segen

Was fällt dir noch ein, wenn du das Wort Segen hörst? Du kannst auch im Internet nachsehen.

③ Gestalte eine Segenskarte:

a) Zeichne deine Hand auf festen Tonkarton.
b) Schreibe einen der Segenssprüche auf die Hand.
c) Schneide die Hand aus.
d) Verschenke sie an einen lieben Menschen.

Möge Gott dich schützen und segnen!

Mögen sich deine Wünsche mit Gottes Hilfe erfüllen!

Die Hand Gottes möge immer auf dir ruhen!

Das Licht Gottes möge dir leuchten, wo immer du gehst!

Die schützende Hand Gottes möge über dir sein, dich begleiten und segnen!

Während der Wanderung

Name: ____________________

Nachdem Abraham von Haran weggezogen ist, ist unterwegs einiges passiert.

① Wie ist es ihm und seiner Familie ergangen? Wie haben sie sich auf ihrer Wanderung mit unbekanntem Ziel gefühlt? Überlege mit einem Partner.

a) Schreibe in die Steine, was sie erlebt haben.

b) Schreibe in die Wolken, welche Gefühle sie auf der Reise hatten.

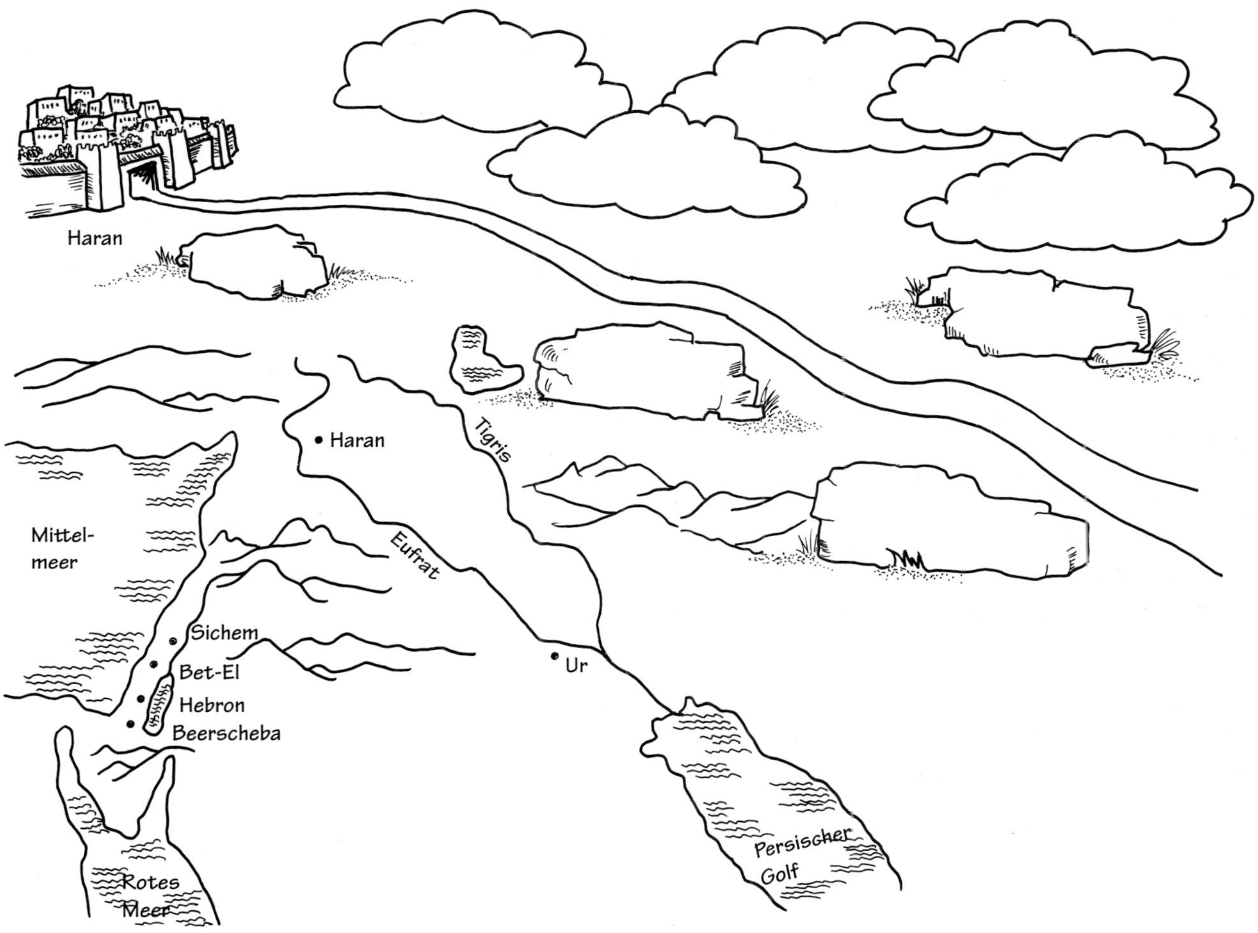

② Gestaltet Abrahams Wanderung als Rollenspiel:

a) Eine Gruppe freut sich auf das versprochene Land.

b) Eine zweite Gruppe schimpft auf Abraham, Gott ohne festes Ziel zu folgen.

c) Eine dritte Gruppe ist völlig durcheinander und ängstlich.

Gott zu Gast bei Abraham, Isaaks Geburt, Abrahams Opfer (Gen 18,1–33; 21,1–8; 22,1–19)

Einige Jahre später, es war um die Mittagszeit, kamen drei Männer auf Abrahams Zelt zu. Es war Gott. Abraham bat die Fremden, sich im Schatten der Eichenbäume auszuruhen und sich erst einmal die Füße zu waschen.

Was kann Abraham noch für die fremden Gäste tun?

Dann rannte Abraham schnell weg, um Essen für die Fremden zu besorgen. Seine Frau sollte Brot backen und ein Knecht das Fleisch zubereiten. Während des reichhaltigen Essens sagte einer der Männer: „In einem Jahr werde ich wiederkommen und ihr werdet dann einen Sohn haben." Sara, die im Zelt war, hatte dies mit angehört und lachte still in sich hinein.

Warum lacht Sara wohl?

Sie dachte: „Wie soll denn das gehen, wir sind doch schon alt?" Beide hatten nämlich die Hoffnung auf Kinder schon längst aufgegeben. Der Fremde sagte: „Abraham, warum lacht deine Frau Sara? Für Gott ist nichts unmöglich, Gott hält seine Versprechen." Dann verschwanden die drei so plötzlich, wie sie gekommen waren. Ein Jahr später bekam Sara einen Sohn. Abraham und Sara nannten ihn Isaak, was übersetzt „er lacht" bedeutet. Beide waren sehr froh, in ihrem hohen Alter noch ein Kind bekommen zu haben. Einige Zeit später veranstaltete Abraham ein großes Fest für Isaak. Die Jahre vergingen und Isaak wuchs zu einem fröhlichen Jungen heran. Gott beschloss, Abraham zu prüfen, ob er noch genauso fest an ihn glaubte.

Hast du eine Vermutung, wie diese Probe aussieht?

So sprach Gott zu Abraham: „Nimm deinen Sohn Isaak und geh in die Berge; dort zeige ich dir eine Stelle, wo du mir Isaak als Brandopfer darbringen sollst." Als Abraham das hörte, erschrak er und bekam Angst. Seinen einzigen Sohn sollte er opfern, auf den er so lange hatte warten müssen? Er war doch Gott gegenüber immer gehorsam gewesen und nun dies? Schweren Herzens traf Abraham die Vorbereitungen und so brachen sie frühmorgens auf: Abraham, Isaak, zwei Diener und ein Esel mit dem Brennholz. Am dritten Tag sah Abraham den Berg schon von Weitem. Den Esel und die Diener ließ er zurück, nur Isaak und Abraham gingen weiter. Abraham nahm ein Messer und glühende Holzkohle, während Isaak das Brennholz trug. „Vater, wo ist denn das Lamm, das wir opfern wollen?" Abraham antwortete ihm unruhig: „Gott wird sich schon ein Lamm aussuchen." Oben angekommen errichtete Abraham einen Altar, fesselte seinen Sohn Isaak und legte ihn auf das Brennholz, das er vorher aufgestapelt hatte.

„Was geht in Isaak vor, als sein Vater ihn fesselt und auf den Altar legt? Wird Abraham ihn wirklich töten?

Abraham erhob sein Messer, um Isaak zu töten, doch da rief ein Engel vom Himmel: „Abraham, Abraham! Tue deinem Jungen nichts. Du hast die Probe bestanden. Nun weiß Gott, dass du ihn fürchtest und achtest. Du bist sogar bereit, ihm deinen einzigen Sohn zu opfern. So wird Gott dich segnen und viele Nachkommen schenken, so viele wie Sterne am Himmel stehen und Sand am Meeresstrand ist." Abraham war überglücklich, er blickte sich um und entdeckte in der Nähe einen Widder, der sich mit seinen Hörnern im Gestrüpp verfangen hatte. Dankbar opferte er den Widder anstelle seines Sohnes. Dann stiegen Abraham und Isaak vom Berg herab und kehrten nach Hause zurück.

Lehrerinformation

Im weiteren Verlauf der Abrahamserzählung erneuert Gott seine Zusage, Abraham viele Nachkommen zu schenken. Die drei Männer, die zu Abraham kommen, sind Engel, Boten Gottes, und bekräftigen Gottes Versprechen, dass Sara und Abraham nach einem Jahr einen Sohn bekommen werden. Sara (hebr. Fürstin) hat so ihre Zweifel, was sie in ihrem Lachen ausdrückt, während Abraham fest vertraut. Einige Jahre nachdem Isaak (hebr. Er lacht) geboren worden ist, wird Abraham auf eine harte Probe gestellt. Er soll Isaak opfern, obwohl er immer auf Gott gehört hat. Abraham gehorcht Gott, er glaubt an ihn. Glaube kommt vom Hören und wer hört, ist gehorsam. Abraham ist das Vorbild für ein Leben im Vertrauen auf Gott, das freilich auch nicht von Zweifeln und Anfechtungen verschont bleibt. In Abraham ist alles das zusammengefasst, was den Weg Israels mit seinem Gott ausmacht: Vertrauen in die Führung Gottes, Verlassen alter Bindungen und Aufbruch. Die Gestalt Abrahams steht auch beispielhaft für den Glaubenden überhaupt, der sich aufmacht, ohne die Zukunft zu kennen, sich aber dennoch keinem blinden Schicksal ausgeliefert sieht.

Weitere Ideen:

- Einstiegsmöglichkeiten:
  1) Ein fremder Gast steht plötzlich vor der Tür: Was tust du?
  2) Vertrauensspiele/Blindenspiele durchführen
     → thematisieren, wie es ist, jemandem blind vertrauen zu müssen
- Abrahams Stammbaum
- Bildbetrachtung: „Abraham und die drei Engel“ (Chagall), „Ruf Gottes“ (Andreas Felger)
- Avenidas oder Elfchen zu Abraham schreiben
- Wandfries weitergestalten (Abrahams Weg)
- Was ist ein Versprechen?
- Auf welche Probe bist du schon gestellt worden?
- Geburtsfest von Isaak feiern => Wie könnte das Fest damals ausgesehen haben?
- Was benötigt ein Kind?
- Wie werden die drei Fremden oft auf Bildern dargestellt?
- Rollenspiel: Drei Männer zu Gast bei Abraham
- Glückwünsche für das Kind

Lieder:

Viel Glück und viel Segen

Bibelhits:
- Wünsche schicken wir wie Sterne
- Ich will dich segnen

Gastfreundschaft bei Nomaden

Name: ____________________

Gastfreundschaft ist bei den Nomaden sehr wichtig. Fremde Reisende wurden sofort eingeladen.

① Lies, wie Gäste bei den Nomaden behandelt werden:

Die staubigen Füße der Besucher wurden gewaschen.

Man fragte Fremde nicht nach ihrem Namen.

Die Gäste wurden mit einer Verbeugung begrüßt.

Frauen und Diener bereiteten leckere Speisen zu. Frauen zeigten sich aber nicht den Gästen.

Fremde warteten erst, dass sie in die Zelte der Nomaden eingeladen wurden.

Blieb der Gast über Nacht, bekam er einen Schlafplatz. Auch die Tiere des Gastes wurden versorgt.

Am Lagerfeuer erzählte man sich Geschichten.

Wer einen Becher Wasser trank oder Salz mit dem Gast aß, zeigte damit, dass er Frieden wollte.

② Warum waren Gäste damals wichtig? Denke daran, es gab noch kein Fernsehen, keine Zeitung, … Überlegt gemeinsam.

③ Bastelt eine Karte zum Thema Gastfreundschaft:

a) Schneide das Zelt aus, auch entlang der gestrichelten Linien.
b) Klebe es auf ein DIN-A4-Blatt (aber nur an den Rändern kleben!).
c) Klappe die Zeltplanen auf und schreibe hinein, wie du mit einem Gast umgehst.

Gibt es Unterschiede zwischen engen Freunden und fremden Gästen?

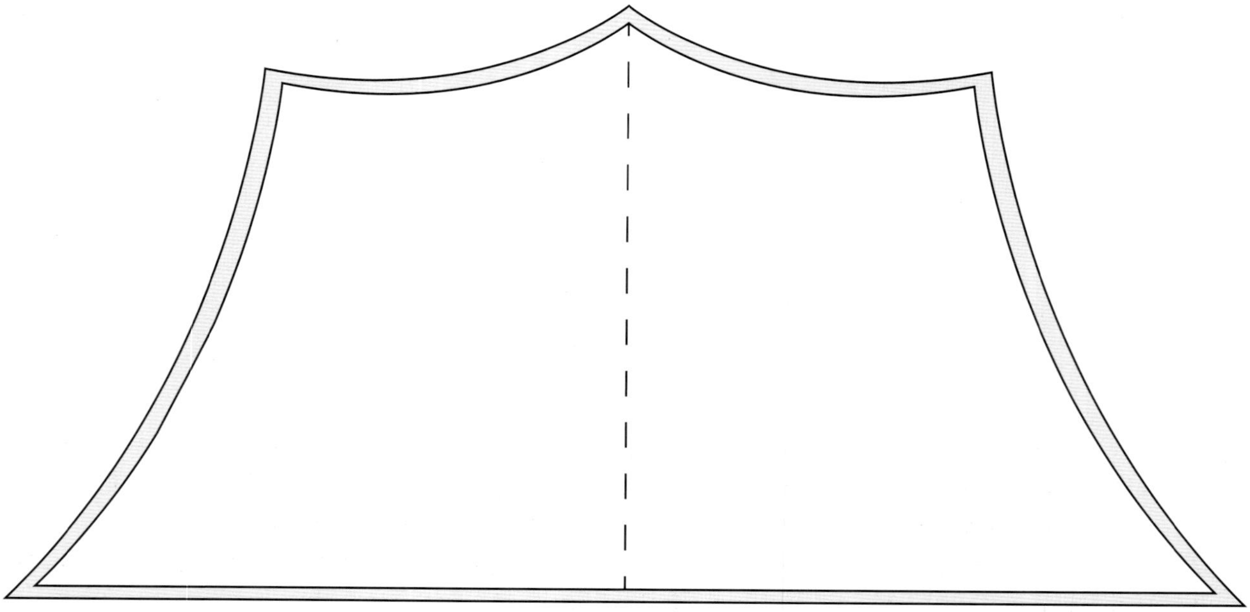

Eine harte Probe

Name: ____________________

① Sieh dir die Bilder an. Was geht in Abraham vor, als er mit Isaak den Berg besteigt, und was, als er Isaak auf dem Opfertisch liegen sieht?

② Abraham ist überglücklich, dass Isaak lebt. Schreibe ein Dankgebet, das seine Gefühle zu Gott ausdrückt.

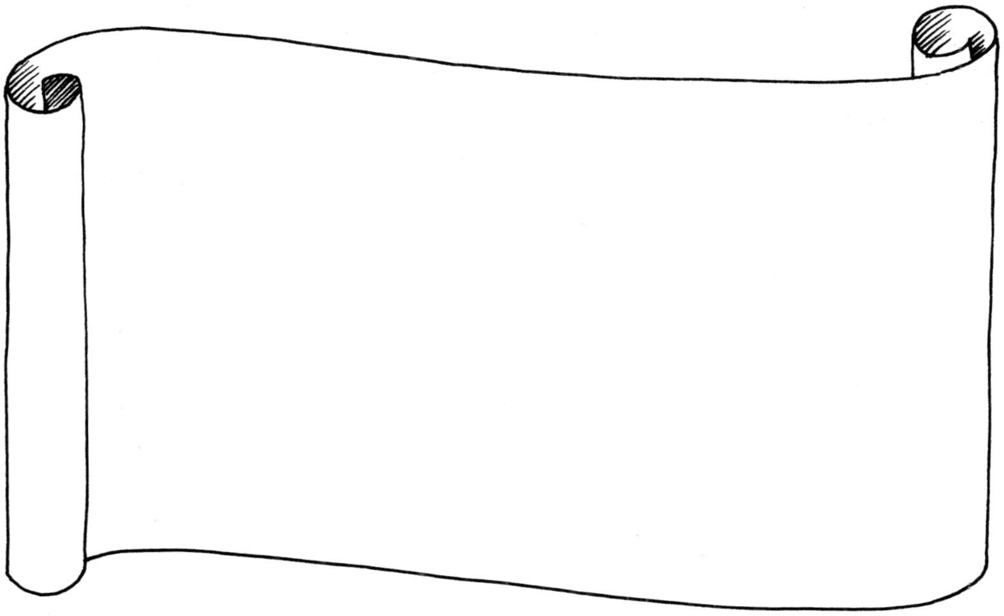

③ Auch heute müssen Menschen manchmal ein hartes Opfer bringen. Zum Beispiel: Familie Frohmüller freut sich schon so auf ihren Sommerurlaub. Plötzlich wird Frau Frohmüllers Mutter sehr krank. So müssen sie ihren Urlaub absagen!
Wann wirst du heute auf eine Probe gestellt? Überlege erst allein, anschließend in der Klasse. Sammelt auch Beispiele aus Zeitungen.

Isaak erzählt …

Name:

① Auf dem Weg zum Berg:

Isaak, ein fröhlicher Junge, wird eines Tages von seinem Vater Abraham auf eine Reise in die Berge mitgenommen. Worauf freut er sich? Was erzählt er unterwegs seinem Vater oder den Knechten?

② Rückkehr:

Isaak kommt nach Hause zu seiner Mutter. Was erzählt er ihr über das Erlebnis auf dem Berg?

Isaak und Jesus

Name: ____________________

Isaak und Jesus gehen beide ihrem Tod entgegen.

① Überlegt in einer Dreiergruppe, welche Ähnlichkeiten es gibt bzw. wo es Unterschiede gibt.

② Tragt es in die Tabelle ein.

Gemeinsamkeiten	**Unterschiede**

Opfer für Gott

Name: ____________________

Damals war es üblich, Gott etwas von der Ernte zu opfern. Man achtete darauf, dass es nicht Reste waren, sondern möglichst das Beste und Schönste.

① Wer opfert was? Verbinde.

Bauer	Äpfel
Hirte	Stuhl
Fischer	Getreide
Winzer	Wein
Obstbauer	Lamm
Zimmermann	Fisch

② Was könnte man heute Gott schenken?

____

____

Isaaks Geburt

Name: ____________________

① Abraham und Sara haben lange auf ihr Kind warten müssen, aber Gott hat sein Versprechen gehalten.

In einem Elfchen haben sie ihre Gefühle zum Ausdruck gebracht.

Isaak
Sehnsuchtsvoll erwartet
Schon sehr lange
Wir sind nun überglücklich
Danke

Schreibe ein eigenes Elfchen über Isaaks Geburt. Heftet sie anschließend an eine Pinnwand.

② Wenn Eltern ein Kind bekommen, setzen sie manchmal eine Geburtsanzeige in die Zeitung. Gestaltet in einer Zweier- oder Dreiergruppe eine Geburtsanzeige für Isaak.

Abraham – Vater aller Völker

Name: ______________________

Christen, Juden und Muslime berufen sich alle auf Abraham. Er ist der erste Stammvater des Glaubens und für alle drei Weltreligionen von Bedeutung ebenso wie die Stadt Jerusalem.

Christentum

Judentum

Islam

Jerusalem ist für alle drei Religionen eine heilige Stadt.

Jesus starb in Jerusalem am Kreuz. Dort steht die Grabeskirche.

Im Felsendom befindet sich der Fels, auf dem Abraham seinen Sohn opfern sollte.

Felsendom der Muslime

Isaak — Isaak — Ibrahim

Abraham und Sara — Abraham und Hagar

Christen — Juden — Muslime

① Was kannst du heute von Abraham lernen?

② Welche Stellung hat Abraham bei den Muslimen?

③ Warum ist Jerusalem auch für Juden und Muslime eine heilige Stadt? Forsche in einer Dreiergruppe im Internet.

④ Wer ist Hagar und was kannst du über sie herausfinden?

Mein Abraham-Faltbuch

Name: ____________________

Gestalte ein Faltbuch zur Geschichte von Abraham.

① Male die Bilder an. Gestalte eigene Bilder auf den drei leeren Seiten.

② Schneide das Heft aus und falte es. Schneide auch entlang der gestrichelten Linie.

So zog er mit seiner Frau Sara, Lot und den Dienern los. Nach einer langen Wanderung kamen sie in das Land Kanaan.			Abraham lebte nahe der Stadt Haran. Eines Tages bekam er von Gott den Auftrag, sein Land zu verlassen, und Abraham gehorchte.
Die Herden von Lot und Abraham wurden immer größer und so stritten sich die Hirten um das Weideland. Lot durfte sein Land auswählen.			Abraham und Sara lebten mit ihrem Neffen Lot, ihren Dienern und Tieren in Zelten. Sie waren Nomaden, die umherzogen.
Abraham und Sara wurden immer älter, aber ein Kind hatten sie nicht. Gott versprach Abraham so viele Nachkommen wie Sterne am Himmel.		Mein Abraham-Faltbuch	Dieses Buch gehört: ____________________
Eines Tages kamen drei Fremde und kündigten die Geburt eines Sohnes an. Er sollte Isaak heißen.			Einige Jahre später stellte Gott Abraham auf die Probe. Er sollte Isaak opfern. Abraham gehorchte, aber Gott verschonte Isaak. Gott war zufrieden mit Abraham.

Geburt Esaus und Jakobs, Verkauf des Erstgeburtsrechts, Erstgeburtssegen (Gen 25,19–34; 27,1–40)

Abraham war schon sehr alt und er hatte nur einen Wunsch: Isaak sollte heiraten und eine Familie gründen. So schickte er seinen treuesten Diener in seine Heimat Mesopotamien, um eine Frau für Isaak zu suchen. Dort fand der Diener mit Gottes Hilfe eine schöne Frau namens Rebekka, die Isaak wenig später heiratete. Die beiden bekamen Zwillinge, zwei Söhne. Doch schon im Mutterleib kämpften die beiden miteinander. Rebekka wollte von Gott wissen, was dies zu bedeuten hatte, und Gott antwortete ihr, dass der ältere Sohn in Zukunft dem jüngeren dienen muss. Der Erstgeborene war rötlich und mit vielen Haaren bedeckt, man nannte ihn Esau. Dann kam Jakob, der ihn an der Ferse festhielt. Die beiden Jungen entwickelten sich ganz unterschiedlich: Jakob wurde ein guter Koch, während Esau lieber auf die Jagd ging. So war Jakob Rebekkas Lieblingssohn, während Isaak sich mehr zu Esau hingezogen fühlte.

Kommt dir das bekannt vor, dass Geschwister manchmal unterschiedlich behandelt werden?

Eines Tages kam Esau sehr hungrig von der Jagd zurück und bat Jakob: „Gib mir was zu essen!“, denn Jakob hatte gerade etwas Leckeres zubereitet. „Du bekommst nur etwas, wenn du mir dein Erstgeburtsrecht überlässt“, antwortete Jakob. „In Ordnung“, erwiderte Esau, der gierig aß und sich keine Gedanken über das verlorene Erbe machte.

Dem erstgeborenen Sohn standen einige Rechte zu. Was könnte das gewesen sein? Haben die Ältesten auch heute mehr Rechte?

Viele Jahre später, Isaak war alt geworden und erblindet, rief er Esau zu sich: „Jage mir ein Wild und bereite mir ein leckeres Essen zu. Dann werde ich dich segnen, bevor ich sterbe.“ Rebekka hatte dies heimlich gehört und lief schnell zu Jakob: „Geh und schlachte zwei Ziegenböckchen, die werde ich so zubereiten, dass dein Vater meint, es wäre Wildbret. Dann wird er dir den Segen erteilen.“ Jakob entgegnete: „Darauf wird er nicht hereinfallen. Wenn er mich anfasst, wird ihm meine glatte Haut auffallen.“ „Ich mache das schon“, beruhigte ihn Rebekka. Nachdem Rebekka das Essen zubereitet hatte, zog sie Jakob die besten Kleider Esaus an und legte ihm die Ziegenfelle um den Hals und die Hände. So ging Jakob zu seinem Vater.

Rebekka bevorzugt Jakob und hilft ihm sogar, den Erstgeburtssegen zu erschleichen. Wie findest du das Verhalten der Mutter?

Isaak fragte: „Wer ist da?“ „Ich bin's, Esau, dein Erstgeborener“, log Jakob. „Wie konntest du so schnell ein Wild erlegen?“, sagte Isaak. „Gott hat es mir entgegenlaufen lassen.“ Isaak war unsicher und so berührte er die Hände des Sohnes. „Die Stimme ist zwar Jakobs Stimme, die Hände aber sind Esaus Hände.“ Schließlich sollte ihm Jakob einen Kuss geben. Als Isaak die Kleider Esaus roch, war er beruhigt und er erteilte Jakob den Erstgeburtssegen. Dann verließ Jakob seinen Vater. Nun kam Esau zurück, bereitete ein Wildgericht zu und brachte es seinem Vater, der ihn fragte: „Wer bist du denn?“ „Dein Erstgeborener“, antwortete Esau erstaunt. „Aber wem habe ich den Segen erteilt?“, wunderte sich Isaak, „den kann ich nicht mehr zurücknehmen.“ Beiden war klar, dass sich Jakob den Segen erschlichen hatte, doch Isaak konnte nichts mehr für Esau tun. Esau aber war so wütend, dass er sich schwor, Jakob zu töten, wenn ihr Vater gestorben war.

Sicher kannst du dich in Esau hineinversetzen. Wie fühlt er sich, da er nun schon zum zweiten Mal betrogen wurde?

Lehrerinformation

Der zweite Erzählkreis der Vätergeschichten im Alten Testament ist Jakob (hebr. Gott schützt) gewidmet. Mit ihm wird die Segensgeschichte von Abraham über Isaak fortgesetzt. In wenigen Sätzen wird Isaaks Familiensituation geschildert und es wird deutlich, dass Gott mit dieser Familie etwas Besonderes vorhat. Er handelt nach einem verborgenen Plan und nicht nach menschlichen Maßstäben. Die Ungewöhnlichkeit der Familiensituation beginnt schon vor der Zwillingsgeburt: Das zeigt nicht nur die Tatsache, dass Zwillinge zur Welt kommen sollen, sondern auch die absolute Verschiedenartigkeit von Esau und Jakob. Dies setzt sich fort in der geteilten Zuneigung von Rebekka und Isaak für ihre Kinder. Esau verkauft, ohne zu überlegen, sein Erstgeburtsrecht, während Jakob es sich auf kluge Art und Weise im rechten Augenblick erschleichen kann. Neben der theologischen Aussage des Textes wird auch sein sehr menschliches Problem thematisiert: die Rivalität zwischen Geschwistern. Auch den Segen bekommt Jakob mit Betrug. Rebekka, die schon vor der Geburt ihrer Söhne von Gott wusste, dass Jakob der Auserwählte ist, unterstützt diesen Betrug.

Weitere Ideen:

- Einstiegsmöglichkeiten:
  1) Im Sitzkreis wird den Kindern wahlweise eine Tüte Chips bzw. ein Spiel (Brettspiel, Kartenspiel o. Ä. angeboten.
     → Die Kinder sollen überlegen, was sie sich aussuchen würden. (Von den Chips hat man im Gegensatz zum Spiel nur kurze Zeit etwas.)
  2) Folgende Situation schildern: Tim und Florian spielen Fußball. Da es sehr heiß ist, haben beide sehr viel getrunken. Florian hat noch eine Flasche, doch er möchte Tim nur etwas geben, wenn er ihm den Fußball mit den Unterschriften schenkt.
     → die Situation besprechen
- die Geschichte von der Erschleichung des Erstgeburtsrechts bzw. des Segens nachspielen, dabei die Rolle von Esau und Jakob auch tauschen, um jedem die Chance zu geben, sich in deren Situation hineinzuversetzen
- Lügen und ihre Folgen
- Das Thema „Ältere und Jüngere“ besprechen: Haben ältere Personen mehr Rechte?
  → in Gruppen darüber sprechen und Argumente sammeln (Pro und Contra)

Lieder:

Schwerter Liederbuch:
- Hände, die schenken
- Nähme ich Flügel der Morgenröte
- Zeige uns den Weg

Zwillinge: Jakob und Esau

Name:

Schon vor der Geburt zeigt sich, dass Jakob und Esau ganz verschieden sind!

① Vergleiche Jakob und Esau in einer Tabelle.

Jakob	Esau

② Male Jakob und Esau in einer für sie typischen Situation

Jakob	Esau

③ Versuche zu erklären, warum Eltern manchmal ihre Kinder unterschiedlich behandeln und ein Kind bevorzugen. Finde Situationen, in denen deutlich wird, dass man ein Kind lieber mag.

④ Kennst du auch Zwillinge? Vergleiche sie miteinander. Entdeckst du Gemeinsamkeiten bzw. Unterschiede im Vergleich zu Jakob und Esau?

Jakob – Fersenhalter und Betrüger

Name: ____________________

Jakob bedeutet übersetzt Fersenhalter und Betrüger. In der Jakobsgeschichte wendet er zweimal eine List an, um sich das zu erschleichen, was nur dem Erstgeborenen, dem ältesten Sohn, zusteht.

① Hat dein Name auch eine Bedeutung, die zu dir passt?

____

____

____

② Wofür gibt Esau freiwillig sein Erstgeburtsrecht ab?

____

____

Esau war in dem Moment das Linsengericht wichtig, obwohl es bestimmt andere Dinge gab, die später wichtiger sind.

③ Ergänze die Tabelle. Arbeite mit einem Partner zusammen.

Dinge, die uns wichtig erscheinen	**Dinge, die wirklich wichtig sind**

④ Hast du dir auch schon mal etwas mit einer List erschlichen?

____

____

Der Erstgeburtssegen

Name: ____________________

Jakob erschleicht sich den wichtigen Segen vom Vater.

Gott gebe dir vom Tau des Himmels
vom Fett der Erde, viel Korn und Most.
Dienen sollen dir die Völker,
Stämme sich vor dir niederwerfen,
Herr sollst du über deine Brüder sein.
Die Söhne deiner Mutter sollen dir huldigen.
Verflucht, wer dich verflucht.
Gesegnet, wer dich segnet.
Gen 27,28/29

① Male um Jakob herum, was der Segen für Jakob bedeutet bzw. womit er gesegnet sein soll.

② Wie fühlt sich Isaak, nachdem er dem falschen Sohn den Segen erteilt hat?

____

____

____

____

Das Erstgeburtsrecht

Name: ____________________

Nach dem Erstgeburtsrecht zur Zeit Isaaks trat der Erstgeborene nach dem Tod des Vaters an dessen Stelle und wurde Herr über seine Brüder, die Knechte und Ländereien. Ihm fielen zwei Teile des Gesamterbes zu, da er für die Mutter sorgen musste. Hinzu kam der Segen, welcher Nachkommen und Reichtum im Schutz Gottes versprach. War der Segen einmal ausgesprochen, konnte er nicht mehr zurückgenommen werden.

Erst viel später wird Esau klar, dass ihn Jakob mit einer List um sein Erbe betrogen hat.

① Was denkt er sich und wie fühlt er sich? Schreibe es in der Ich-Form in die Denkblase.

② Wird Esau das Gespräch mit Jakob suchen? Überlegt euch in einer Vierergruppe, was die beiden miteinander reden, und spielt die Szene nach.

③ Was könnte er seinen Eltern sagen? Wird er es ihnen überhaupt sagen?

Esaus Zukunft ohne den Segen

Name: ____________________

Da Isaak den Segen nur einmal austeilen kann, sagt er zu Esau:

Fern vom Fett der Erde musst du wohnen,
fern vom Tau des Himmels droben.
Von deinem Schwert wirst du leben.
Deinem Bruder wirst du dienen.
Doch hältst du durch,
so streifst du ab
sein Joch von deinem Nacken.
Gen 27,39/40

① Überlege zunächst mit einem Partner oder in einer Dreiergruppe, was Isaak damit ausdrücken will. Schreibe deine Gedanken auf.

____

____

____

② Male in die Wolke, wie Esaus Zukunft ohne diesen Segen aussehen könnte oder aussehen wird.

Isaak wird betrogen

Name: ______________________

Bestimmt hast du die Geschichte noch im Kopf, als sich Jakob den Segen seines Vaters auf unfaire Weise geben lässt.

① Schreibe mit einem Partner einen Zeitungsbericht für den Kanaan-Kurier über das Ereignis.

② Was würde heute passieren, wenn sich jemand so das Erbe unrechtmäßig erschleicht?

____

____

____

Schuldig werden

Name:

Auch heute gibt es immer wieder Menschen, die schuldig werden.

① Sammle aus Zeitungen oder Zeitschriften Berichte, in denen Menschen schuldig geworden sind. Klebe einen Bericht hier auf.

② Tragt Vorschläge zusammen, wie man die Schuld mildern kann.

③ Hast du auch schon einmal Schuld auf dich geladen? Wie hast du dich dabei gefühlt? Sammle passende Adjektive und trage sie in die Steine ein.

④ Man kann jemandem seine Schuld aber auch vergeben. Wie ist es, wenn dir deine Schuld vergeben wird? Schreibe passende Adjektive in die Wolken.

Jakobs Flucht, Jakob bei Laban, Jakobs Kampf mit Gott, Versöhnung mit Esau

(Gen 27,41–28,22; 29,1–30; 32,5–33; 33,1–20)

Esau wollte Jakob wegen seines Betrugs umbringen, sobald Isaak gestorben war. Als Rebekka das erfuhr, befahl sie Jakob, nach Haran zu ihrem Bruder Laban zu fliehen. Damit ihr Mann Isaak nichts von dem wahren Grund für die Flucht erfuhr, erzählte Rebekka ihm, dass sie nicht wolle, dass Jakob eine Frau aus Kanaan heiratet. Und so trug Isaak Jakob auf, in die Heimat seiner Mutter zu ziehen und sich dort eine Frau zu suchen. Jakob reiste durch die Wüste – auf dieser Reise hatte er einmal einen wunderschönen Traum, als er sich auf einem Stein schlafen legte.

Wovon könnte Jakob vielleicht geträumt haben? Erzähle von einem deiner Träume.

Er sah eine lange Treppe, die von der Erde bis zum Himmel reichte. Engel stiegen auf ihr hinauf und hinab. Oben aber stand Gott und sagte: „Ich bin der Herr, der Gott deines Vaters Abrahams und Isaaks. Das Land, auf dem du liegst, will ich dir und deinen Nachkommen geben. Deine Nachkommen werden so zahlreich sein wie der Staub der Erde. Ich bin immer bei dir, egal wohin du gehst, bis ich mein Versprechen erfüllt habe." Als Jakob erwachte, war er erstaunt, dass Gott zu ihm gesprochen hatte. Er betete zu Gott, salbte den Stein mit Öl und errichtete einen Altar. Den Ort nannte er Bet-El, was „Haus Gottes" bedeutet. Auch versprach Jakob, bei gesunder Rückkehr aus dem Stein ein Gotteshaus zu bauen und den zehnten Teil seines Besitzes abzugeben. Endlich kam er nach Haran, wo er sich in Rahel, die jüngere Tochter Labans verliebte. Jakob arbeitete für Laban und anstatt dafür einen Lohn zu bekommen, bot er ihm an, sieben Jahre umsonst zu arbeiten, wenn er dafür Rahel heiraten durfte. Als nach sieben Jahren endlich die Hochzeit stattfand, täuschte Laban allerdings Jakob und gab ihm Lea, seine ältere und weniger schöne Tochter zur Frau.

Früher war es Brauch, dass zuerst die ältere Tochter verheiratet sein musste, bevor die jüngere heiraten durfte. Damals war es während einer Hochzeit auch so, dass die Braut verschleiert war und man sie nicht erkennen konnte.

Am nächsten Morgen bemerkte Jakob verärgert den Schwindel und stellte Laban zur Rede. Dieser antwortete: „Nach einer Woche kannst du Rahel heiraten, aber du musst noch weitere sieben Jahre für mich arbeiten." Weil Jakob Rahel so sehr liebte, stimmte er zu. Nach zwanzig Jahren trug Gott Jakob auf, in seine Heimat Kanaan zurückzukehren. Doch Jakob machte sich Gedanken, ob ihm Esau immer noch töten wollte. Darum schickte er Boten zu seinem Bruder, die ihm sagen sollten, dass er in Freundschaft käme. Aber die Boten berichteten ihm, dass Esau mit vierhundert Männern zu ihm käme.

Was denkt Jakob? Wie fühlt er sich? Wie wird sich Jakob nun verhalten?

Jakob hatte große Angst und wollte deshalb Esau einen Teil seiner großen Herde schenken. Gegen Mitternacht brachte Jakob seine Familie über den Fluss Jabbok in Sicherheit, er aber blieb am anderen Ufer zurück. In dieser Nacht kämpfte er bis zum Morgen gegen einen fremden Mann, der ihn jedoch nicht besiegen konnte. Schließlich renkte der Fremde Jakob das Hüftgelenk aus, aber Jakob ließ ihn nicht los. „Segne mich zuerst, dann lasse ich dich los", sagte Jakob. Der Mann antwortete: „Du hast mit Gott gekämpft und sollst nun anstatt Jakob Israel heißen." Dann sah Jakob Esau auf sich zukommen. Jakob warf sich siebenmal auf die Erde, während Esau ihn umarmte, weinte und küsste. Auch seine Frau, Kinder und Diener fielen vor Esau nieder. Beide Brüder versöhnten sich wieder und auf Jakobs Drängen hin nahm Esau schließlich das Geschenk an.

Lehrerinformation

Die Jakobserzählung wird weitergeführt: Nach der Segnung durch den Vater Isaak bzw. der Erschließung des Erbes bleibt ihm nur die Flucht zu seinem Onkel Laban (hebr. Der Weiße). Rebekka verschweigt gegenüber Isaak den wahren Grund von Jakobs Flucht und gibt an, Jakob solle keine Frau aus Kanaan heiraten. Somit schickt ihn Isaak selbst zu Laban. Gott steht zu seinem Wort, er hatte schon zuvor gesagt, dass der Jüngere der Gesegnete sein wird. Über dem Leben Jakobs mit all seiner Schuld steht Gottes ewiger Plan. Darum erneuert er seine Verheißungen, indem er Jakob im Traum begegnet und ihm seinen Schutz zuspricht. Auch Jakob macht ihm ein Versprechen und löst es zwanzig Jahre später ein, als er nach Kanaan zurückkehrt. In Haran heiratet er Lea (hebr. Kuh), obwohl ihm Rahel (hebr. Mutterschaft) versprochen war, und so verlängert er seine Arbeitszeit um weitere sieben Jahre, um Rahel heiraten zu können. Damals dauerte das Hochzeitsfest bis zu einer Woche und es war durchaus üblich, mehrere Frauen zu heiraten.

Weitere Ideen:

- Einstiegsmöglichkeiten:
  1) Tim hat beim Spielen etwas zerbrochen
     → Reaktion der Eltern
  2) über die eigenen Träume sprechen
     → Was sagen uns Träume?
  3) darüber reden, wie man sich fühlt, wenn man etwas Falsches gemacht hat (Gewissen)
- Comic über Jakobs Lebensweg malen (für eine größere Streichholzschachtel)
- Jakobs Weg auf einer Landkarte verfolgen
- einen Brief an die Familie in Kanaan schreiben
- ein Reisetagebuch an Stelle von Jakob verfassen

Jakob auf der Flucht

Name: ____________________

Nachdem Jakob seinen Bruder um den Erstgeburtssegen betrogen hat, droht dieser, ihn umzubringen. Jakob flieht deshalb aus Kanaan.

① Welche Gedanken gehen Jakob auf der Flucht durch den Kopf? Schreibe sie in die Gedankenblase.

② Male Jakob mit Farben an, die seine Stimmung verdeutlichen.

③ Wie ergeht es Esau inzwischen?

④ Male auch Esau in den passenden Farben an.

⑤ Stellt eure Bilder in der Klasse vor.

Eine Treppe zwischen Himmel und Erde

Name: ______________________

Jakob hatte einen wunderschönen Traum.

① Male, was er geträumt hat.

② Wann sind für dich Himmel und Erde ganz nah beieinander? Was ist für dich himmlisch? Zeichne oder schreibe es in die Traumblase.

③ Erzähle in der Klasse von einem Traum, der wunderbar für dich war.

Gottes Zusage in Bet-El

Name: ______________________

So wie bereits Abraham ein Versprechen erhalten hatte, bekommt auch Jakob auf dem Weg nach Haran eine Zusage von Gott.

Gottes Verheißung an Abraham:

„Blicke auf und sieh von der Stelle, an der du stehst, nach Norden und Süden, nach Osten und Westen. Das ganze Land nämlich, das du siehst, will ich dir und deinen Nachkommen für immer geben. Ich mache deine Nachkommen zahlreich wie den Staub auf der Erde. Nur wer den Staub auf der Erde zählen kann, wird auch deine Nachkommen zählen können. Mache dich auf, durchziehe das Land in seiner Länge und Breite; denn ich werde es dir geben."

Gottes Verheißung an Jakob:

„Ich bin der Herr, der Gott deines Vaters Abraham und der Gott Isaaks. Das Land, auf dem du liegst, will ich dir und deinen Nachkommen geben. Deine Nachkommen werden zahlreich sein wie der Staub auf der Erde. Du wirst dich unaufhaltsam ausbreiten nach Westen und Osten, nach Norden und Süden, und durch dich und deine Nachkommen werden alle Geschlechter der Erde Segen erlangen. Ich bin mit dir, ich behüte dich, wohin du auch gehst, und bringe dich zurück in dieses Land. Denn ich verlasse dich nicht, bis ich vollbringe, was ich dir versprochen habe."

Vergleiche in einer Tabelle die Verheißungen an Jakob und Abraham.

 **Abraham**	 **Jakob**

Jakobs Kampf mit Gott

Name: ______________________

Jakob ist auf dem Rückweg nach Kanaan zu seinem Bruder. Auf dem Weg gehen ihm viele Gedanken durch den Kopf. Er hat Ängste, Hoffnungen und Wünsche. Kurz vor dem Ziel ist er fast wie gelähmt. Alles in seinem Kopf gerät durcheinander. Er weiß nicht, was passieren wird.
Eines Nachts hat er einen Kampf mit Gott, den er besteht. Jakob hat auch den Kampf gegen seine inneren Gedanken gewonnen. Er hat neue Zuversicht gewonnen.

① Stelle dir vor, du bist Jakob. Schreibe in Ich-Form auf, was dir passiert ist und woran du erkannt hast, dass du Gottes Angesicht gesehen hast.

② Jakob möchte noch einmal den Segen von Gott. Versuche, mit einem Partner eine Erklärung zu finden, warum er den Segen erneuert bekommen möchte.

____

____

____

____

Jakob und Esau treffen sich wieder

Name: ______________________

Jakob, der Schuld auf sich geladen hat, verhält sich Esau gegenüber sehr unterwürfig.

① Bringe seine Verhaltensweisen in die richtige Reihenfolge.

- ☐ Auch die Kinder, Diener und Frauen fallen vor Esau nieder.
- ☐ Jakob schickt Boten zu Esau, um ihm zu sagen, er käme in Frieden.
- ☐ Jakob wirft sich vor seinen Bruder siebenmal auf die Erde.
- ☐ Er will Esau einen Teil der Herde als Geschenk darbringen.

② Wie reagiert Esau?

____

____

____

③ Spielt die Begegnung und Versöhnung zwischen Jakob und Esau. Worüber könnten sie reden? Denke daran, sie haben sich zwanzig Jahre lang nicht gesehen. Was haben beide erlebt?

④ Welche Tipps habt ihr für Geschwister, die sich heute streiten? Wie können sie sich wieder versöhnen?

⑤ Schreibe einen Zeitungsbericht über Jakobs und Esaus Versöhnung. Überlegt anschließend, ob uns die Jakobsgeschichte auch heute noch etwas sagen kann. Kennst du eine heutige Esau-Jakob-Geschichte?

____

____

____

____

____

____

____

____

Jakobs Weg mit Gott

Name: ______________________

Jakob erkennt, dass er nur mit Gottes Segen durchs Leben kommt. Hier sind einige Wörter zur Jakobsgeschichte.

Liebe | Kampf | Betrug | Treue | Reichtum | Schuld | Segen | Versöhnung | Viele Nachkommen | Versprechen | Rahel und Lea | Frieden

① Schreibe einen Siebener:

- Wähle ein Wort aus und schreibe es in die erste, vierte und sechste Zeile.
- Schreibe in die zweite Zeile, was du dazu sagen willst.
- Schreibe in die dritte Zeile ein Erlebnis dazu auf.
- Schreibe in die fünfte Zeile ein passendes Gefühl dazu auf.
- Schreibe in die siebte Zeile einen Wunsch dazu auf.

____

____

____

____

____

____

____

② In der Bibel stehen Psalmen, die Menschen ermuntern oder Gott loben. Lies die Psalmworte. Welche passen zu den verschiedenen Stationen auf Jakobs Weg?

Ps 139,5:	Du umgibst mich von allen Seiten und beschützt mich.
Ps 139,3:	Du siehst alle meine Schritte. Du begleitest mich auf meinen Wegen.
Ps 31,16 a:	Alles, was mit mir passiert, liegt in deiner Hand.
Ps 145,14:	Du hältst mir die Hand hin und richtest mich auf.
Ps 118,29:	Du bist gut zu mir. Deine Liebe hört niemals auf.
Ps 39,3–4:	Ich höre auf zu sprechen, weil mein Kummer mich zerfrisst.
Ps 25,11:	Um deines Namens willen, Herr, verzeih mir, denn meine Schuld ist groß.
Ps 23,4:	Muss ich auch wandern in finsterer Schlucht, ich fürchte kein Unheil; denn du bist bei mir, dein Stock und dein Stab geben mir Zuversicht.
Ps 138,7:	Gehe ich auch mitten durch große Not: Du erhältst mich am Leben. Du streckst die Hand aus gegen meine wütenden Feinde und deine Rechte hilft mir.

Buch zur Jakobsgeschichte

Name: ____________________

Gestalte dir ein eigenes kleines Buch zur Jakobsgeschichte.

① Schneide die einzelnen Textkarten aus.

② Klebe jede Textkarte auf ein DIN-A6-Blatt.

③ Male auf jede Seite ein passendes Bild.

④ Hefte die Seiten zusammen.

Isaak und Rebekka bekommen Zwillinge: Jakob und Esau.	Esau geht gern jagen, während Jakob gern kocht. Esau ist Isaaks Liebling, während Rebekka Jakob lieber hat.	Jakob erhält das Erstgeburtsrecht von Esau für einen Teller Linsen.
Eines Tages erschleicht sich Jakob den Erstgeburtssegen von seinem Vater.	Esau erfährt davon und Jakob muss vor ihm fliehen. Er macht sich auf nach Haran zu Onkel Laban.	Jakob träumt in der Wüste vom Himmel und bekommt von Gott ein Versprechen.
In Haran hütet er Labans Schafe, damit er Rahel heiraten kann. Laban aber betrügt ihn, Jakob muss zuerst Lea heiraten.	Er heiratet anschließend auch Rahel und bekommt elf Kinder.	Zwanzig Jahre später kehrt Jakob mit seiner Familie, den Dienern und Tieren in seine Heimat Kanaan zurück.
Am Fluss Jabbok kämpft er nachts mit Gott. Von nun an heißt er Israel.	Jakob und Esau versöhnen sich.	Die Geschichte von Jakob und Esau

Ur- und Vätergeschichten – Lückentext

Name: ______________________

Lies den Text und fülle die Lücken mit den unten stehenden Begriffen.

In den Urgeschichten wird erzählt, dass Gott die Erde in ________ Tagen erschaffen hat. Nach Land, den Meeren, allerlei Tieren und den Gestirnen am Himmel schuf er den Menschen. Am siebten Tag allerdings __________ er. Die beiden ersten Menschen, die zuerst im Garten ______________ lebten, hießen Adam und Eva. Es ging ihnen gut, bis sie vom Baum der _________________________ aßen. Nun konnten sie zwischen Gut und Böse unterscheiden und Gott jagte sie aus dem Paradies. Die beiden bekamen zwei Söhne, ___________ und ______________. Gott nahm Abels Opfer an und aus Neid erschlug Kain seinen Bruder. Inzwischen gerieten die Menschen auf der Erde immer mehr in ________________, sie stahlen und logen. Gott beschloss deshalb, eine große ______________ auf die Erde kommen zu lassen, um die Menschen und alle Lebewesen zu zerstören.

Doch ___________, seine Familie und von jeder Tierart ein Paar sollten in einer großen ___________ überleben. Es regnete 40 Tage und Nächte. Schließlich sank das Wasser, bis es wieder trocken auf der Erde war. Gott setzte einen __________________________ in die Wolken, als Zeichen dafür, nie wieder eine Flut zu senden. In den Vätergeschichten begegnen uns große Männer des Volkes Israel. Ein Mann aus Ur, _________________, folgte Gottes Ruf und zog in das Land Kanaan. Gott versprach ihm und seiner Frau ___________ viele Nachkommen. Endlich bekam sie einen Sohn, Isaak, den Abraham später opfern sollte. Gott wollte damit den Glauben Abrahams testen. Isaak blieb am Leben, bekam den Segen Gottes und auch die Verheißung, viele Nachkommen zu bekommen. Mit seiner Frau Rebekka bekam Isaak Zwillinge, die Söhne __________ und ___________. Jakob erschlich sich den _________________________ und das Erstgeburtsrecht, so musste er vor Esau fliehen. Doch Gott war immer bei ihm und schützte ihn, bis er sich zwanzig Jahre später wieder mit ihm versöhnte.

Esau – Abraham – Regenbogen – Jakob – Arche – Eden – Erstgeburtssegen – Noach – Erkenntnis – sieben – Kain – Sintflut – Abel – Streitereien – ruhte – Sara

Ur- und Vätergeschichten – Lückentext (Lösungsblatt)

Name: ____________________

Lies den Text und fülle die Lücken mit den unten stehenden Begriffe.

In den Urgeschichten wird erzählt, dass Gott die Erde in sieben Tagen erschaffen hat. Nach Land, den Meeren, allerlei Tieren und den Gestirnen am Himmel schuf er den Menschen. Am siebten Tag allerdings ruhte er. Die beiden ersten Menschen, die zuerst im Garten Eden lebten, hießen Adam und Eva. Es ging ihnen gut, bis sie vom Baum der Erkenntnis aßen. Nun konnten sie zwischen Gut und Böse unterscheiden und Gott jagte sie aus dem Paradies. Die beiden bekamen zwei Söhne, Kain und Abel. Gott nahm Abels Opfer an und aus Neid erschlug Kain seinen Bruder. Inzwischen gerieten die Menschen auf der Erde immer mehr in Streitereien, sie stahlen und logen. Gott beschloss deshalb, eine große Sintflut auf die Erde kommen zu lassen, um die Menschen und alle Lebewesen zu zerstören.

Doch Noach, seine Familie und von jeder Tierart ein Paar sollten in einer großen Arche überleben. Es regnete 40 Tage und Nächte. Schließlich sank das Wasser, bis es wieder trocken auf der Erde war. Gott setzte einen Regenbogen in die Wolken, als Zeichen dafür, nie wieder eine Flut zu senden. In den Vätergeschichten begegnen uns große Männer des Volkes Israel. Ein Mann aus Ur, Abraham, folgte Gottes Ruf und zog in das Land Kanaan. Gott versprach ihm und seiner Frau Sara viele Nachkommen. Endlich bekam sie einen Sohn, Isaak, den Abraham später opfern sollte. Gott wollte damit den Glauben Abrahams testen. Isaak blieb am Leben, bekam den Segen Gottes und auch die Verheißung, viele Nachkommen zu bekommen. Mit seiner Frau Rebekka bekam Isaak Zwillinge, die Söhne Jakob und Esau. Jakob erschlich sich den Erstgeburtssegen und das Erstgeburtsrecht, so musste er vor Esau fliehen. Doch Gott war immer bei ihm und schützte ihn, bis er sich zwanzig Jahre später wieder mit ihm versöhnte.

~~Esau~~ – ~~Abraham~~ – ~~Regenbogen~~ – ~~Jakob~~ – ~~Arche~~ – ~~Eden~~ – ~~Erstgeburtssegen~~ – ~~Noach~~ – ~~Erkenntnis~~ – ~~sieben~~ – ~~Kain~~ – ~~Sintflut~~ – ~~Abel~~ – ~~Streitereien~~ – ~~ruhte~~ – ~~Sara~~

Von Adam und Eva bis Jakob – Quartett (1)

Name: ______________________

Wie gut kennt ihr die Geschichten von der Erschaffung der Welt, von Adam und Eva, von Kain und Abel, von Noach, von Abraham und von Jakob?

① Schneidet die Quartettkarten aus.

② Spielt das Quartett.

 **Schöpfung** a) Gott erschuf Sonne, Mond und Sterne.	 **Adam und Eva** a) Gott erschuf die Menschen Adam und Eva.	 **Kain und Abel** a) Beide Brüder brachten ein Opfer dar.
 **Schöpfung** b) Er erschuf die Länder und Meere.	 **Adam und Eva** b) Sie lebten im Garten Eden, im Paradies.	 **Kain und Abel** b) Abels Opfer nahm er an, worauf Kain neidisch wurde.
 **Schöpfung** c) Gott erschuf die Tiere und den Menschen.	 **Adam und Eva** c) Eva ließ sich von der Schlange verführen und aß von der verbotenen Frucht.	 **Kain und Abel** c) So erschlug Kain seinen Bruder Abel.
 **Schöpfung** d) Am 7. Tag ruhte Gott sich aus.	 **Adam und Eva** d) Gott jagte beide aus dem Paradies.	 **Kain und Abel** d) Kain musste seine Familie verlassen.

Von Adam und Eva bis Jakob – Quartett (2)

Name: ______________________

 **Noach**	 **Abraham**	 **Jakob**
a) Gott schickte eine große Sintflut.	a) Abraham hörte auf Gottes Ruf.	a) Isaak und Rebekka hatten zwei Söhne, Esau und Jakob.
 **Noach**	 **Abraham**	 **Jakob**
b) Noach baute eine große Arche für sich, seine Familie und viele Tiere.	b) Er zog mit seiner Familie in ein fremdes Land.	b) Jakob erschlich sich den Segen vom Vater.
 **Noach**	 **Abraham**	 **Jakob**
c) Es regnete 40 Tage und Nächte. Noach sandte eine Taube aus, die mit einem Ölzweig zurückkam.	c) Gott versprach Abraham viele Nachkommen.	c) Auf der Flucht erhielt er im Traum von Gott ein Versprechen.
 **Noach**	 **Abraham**	 **Jakob**
d) Gott setzte einen Regenbogen in den Himmel, nie wieder soll es eine Flut geben.	d) Abraham und Sara bekamen einen Sohn, Isaak.	d) Viele Jahre später versöhnten sich Esau und Jakob.

Ein kleines Wörterbuch zu den Erzählungen der Bibel aus dem Alten Testament

Weitere Informationen, Abbildungen zu den einzelnen Begriffen sowie Landkarten findet man im Internet, z. B. unter www.wikipedia.de, oder auch in Reisekatalogen und natürlich im Anhang einer Bibel.

Arche (lat. Kasten)

Die Arche ist ein großes Schiff, das Noach auf Gottes Anweisung baute. Zum Schiffsbau verwendete man Meißel, Holzhammer, Ahle, Säge und Axt. Damit das Schiff wasserdicht wurde, verschmierte man zwischen die Bootsplanken ein Gemisch aus Pech und Flachs. Die schweren Schiffssegel wurden von Hand genäht.

Bet-El (hebr. Haus Gottes)

Der Ort liegt ca. 20 km nördlich von Jerusalem. Abraham baute dort einen Altar und Jakob stellte dort einen Stein auf, als Zeichen für seinen Vertrag mit Gott.

Eden

Das Gebiet zwischen den beiden Flüssen Eufrat und Tigris ist besonders fruchtbar. Gott setzte den Menschen in den Garten Eden.

Erstgeburtsrecht

Der älteste Sohn hatte damals verschiedene Rechte: Er bekam den doppelten Anteil vom Erbe und das Anrecht auf den Erstgeburtssegen. Zudem war er, wenn der Vater starb, Herr der Familie und über alle Diener und Ländereien.

Haran

In dieser Stadt ließ sich Abraham nach dem Verlassen aus der Stadt Ur nieder.

Hirten

Hirten standen unten in der Gesellschaft und waren sehr arm. Sie hatten keinen festen Wohnsitz und zogen mit ihrer Herde umher, für die sie Futter finden und die sie vor Gefahren schützen und zusammenhalten mussten. In seiner Hirtentasche hatte der Hirte oft eine Flöte, eine Schleuder mit Steinen, ein Messer und eine Wasserflasche.

Kanaan

Dies ist der Name für den westlichen Teil des heutigen Israel. Kanaan ist ein fruchtbares Land, in dem Milch und Honig fließen.

Mesopotamien (griech. Zwischen den Strömen):

Mesopotamien ist die Landschaft zwischen den Flüssen Eufrat und Tigris.

Nomaden

Nomaden sind Wanderhirten, die am Rande der Wüste mit ihren Herden umherzogen und in Zelten lebten. Die Zelte bestanden aus Tierhaut, die man über Stöcke spannte und mit Schnüren befestigte. Sie suchten nach immer neuen Weideplätzen und Wasserstellen für ihre Tiere zu denen Schafe, Ziegen, Kamele oder Rinder gehörten.

Opfer

Zu Abrahams Zeiten konnte jeder Mensch Gott ein Opfer darbieten, um ihm zu danken oder sich von einer Schuld zu befreien. Man brachte Tiere auf dem Altar als Brandopfer dar und opferte Speisen, wie z. B. Früchte.

Patriarchen

Abraham, Isaak und Jakob werden als Patriarchen, Erzväter bezeichnet. Sie wanderten in Palästina ein und wurden dort sesshaft. Ihren Gott Jahwe behielten sie und verehrten ihn weiterhin.

Regenbogen

Zum Zeichen, dass nie wieder Leben auf der Erde zerstört werden sollte, setzte Gott einen Regenbogen in die Wolken.

Segen

Ein Segen geht von Gott aus und wirkt sich auf das Leben aus. Wenn der Segen von Gott oder einem Menschen ausgesprochen wurde, beginnt Gottes Kraft zu wirken. Der Segen bringt viele Nachkommen, Wohlstand und Gesundheit. Der Erstgeburtssegen steht dem Erstgeborenen zu und kann nur einmal gespendet werden.

Sintflut

So wird die große Flut bezeichnet, die Gott über die Erde kommen ließ und die alles Leben vernichtete. Nur Noach, seine Familie und je zwei Tiere einer Art überlebten.

Ur

Ur ist die Heimatstadt Abrahams. Archäologen fanden in Königsgräbern der Stadt prächtige Goldgegenstände. Dies zeigt, dass die Stadt sehr reich und mächtig war.

Verheißung

Gott machte Abraham, Isaak und Jakob ein Versprechen, ihnen viele Nachkommen und Land zu geben. Auch wollte er immer bei ihnen sein und sie schützen.